Dr. Leonie Thöne

MR. RIGHT auf Bestellung

Wie du in fünf Schritten deinen Traummann findest und verzauberst

DR. LEONIE THÖNE

Mehr kostenlose Beziehungstipps unter:
www.leonie-thoene.com

Herausgeber: Dr. Leonie Thöne, Nordstraße 82, 40477 Düsseldorf
Foto: Katerina Bondar
Cover Design: Robin Schubert

In Zusammenarbeit mit www.buchkodex.de, Düsseldorf

Vor dir sind zwei Türen:

Hinter der linken Tür verbirgt sich dein persönliches Liebesglück.

Die rechte Tür schenkt nicht nur dir, sondern auch deinen besten Freundinnen einen Traummann.

Dieses Buch widme ich all den mutigen und großzügigen Frauen, die ohne zu zögern die rechte Tür öffnen würden.

Lasst uns diese Welt gemeinsam zu einem Ort mit mehr Liebe, mehr Glück und mehr Wundern machen.

Inhaltsverzeichnis

Vorwort:

Auf dem Weg zur großen Liebe

„Vergiss nicht, ich bin auch nur ein Mädchen, das vor einem Jungen steht und ihn bittet, es zu lieben.“

(Notting Hill)

Zuallererst möchte ich dir sagen, wie sehr ich mich freue, dass dieses Buch jetzt vor dir liegt. Was für ein mutiger Schritt von dir, dein Schicksal selbst in die Hand zu nehmen. Du bist bereits auf dem richtigen Weg zu einer glücklichen, erfüllten und gesunden Beziehung, denn du hast den ersten, entscheidenden Schritt in Richtung Liebe getan.

Ich weiß selbst noch, wie nervös ich war, als ich in Berkeley, Kalifornien, in einer Universitätsbuchhandlung Bücher über Sex, Liebe und Partnerschaft über die Ladentheke schob. Ich glaubte die kritischen Blicke der Studenten in der Schlange hinter mir in meinem Nacken zu spüren. Nervös kichernd reagierte ich auf das Stirnrunzeln des Buchhändlers, als er Titel wie „Sexual Desires“, „What Women Want“ oder „Sexual Strategies“ in eine braune Papiertüte legte.

Heute, fünf Jahre später, nachdem ich mich erst in meiner Masterarbeit und dann in meiner Doktorarbeit mit allen Facetten von Dating, Liebe und Attraktivität beschäftigt habe, weiß ich, dass es dein Leben verändern wird, wenn du dich aktiv mit dem Thema Partnersuche auseinandersetzt. In meiner Forschungszeit habe ich zahlreiche Interviews mit Männern geführt, Hunderte Stunden lang wissenschaftliche Untersuchungen durchgeackert, Fallbeispiele analysiert, Freunde beraten und meinen persönlichen Traummann kennengelernt und geheiratet.

Heute arbeite ich als professioneller Dating Coach für Frauen. Mit diesem Buch möchte ich dir helfen, Mr. Right kennen zu lernen und eine glückliche und langfristige Beziehung mit einem großartigen Mann einzugehen.

Auf meiner Website habe ich zahlreiche kostenlose Informationen zum Thema Dating, Liebe und Partnerschaft bereitgestellt. **Gib einfach diesen Link in deinen Browser ein: www.leonie-thoene.com**

Damit du dich nicht durch den Dschungel der verwirrenden Forschungsergebnisse kämpfen musst, habe ich dir die wichtigsten Informationen für dein persönliches Glück zusammengefasst und in diesem Buch in praktische Anwendungsbeispiele umgewandelt. Es begleitet dich step-by-step auf deinem Weg vom Single-Dasein zum ersten erfolgreichen Date mit einem attraktiven und spannenden Mann.

Das erwartet dich:

› Du wirst mit wirkungsvollen **Werkzeugen** ausgestattet, die dafür sorgen werden, dass du dich nie wieder macht- oder hilflos fühlen wirst.

› Ich zeige dir **anwendbare Techniken**, mit denen du herausfindest, was du willst und wie du es bekommst.

- Ich gebe dir **Strategien** an die Hand, an die du dich halten kannst, aber nie musst.

- Du findest **Checklisten** sowie **Tipps, Tricks und Kniffe (Lifehacks)**, um dich perfekt in Szene zu setzen, von Männern angesprochen zu werden, auf ein Date eingeladen zu werden und sie im Date zu verzaubern.

- Und ich will dir eine Geschichte erzählen. Die Geschichte von Julia, an deren **Beispiel** du mitverfolgen kannst, wie sie sich vom unglücklichen Single zur begehrten Frau mit tollen Dates entwickelte.

Weißt du, warum ich den Ausdruck „bessere Hälfte" nicht mag? Weil das so klingt, als wärest du ohne Partner nur ein halbes Puzzle, ein unfertiges Werk, ein halber Muffin, ein work in progress, ein Auto ohne Räder.

Dieses Buch soll dein Leben NOCH schöner machen. Es soll dir etwas dazugeben. In dein Leben sollen NOCH MEHR Freude, noch mehr Liebe, noch mehr Verbundenheit, noch mehr Wir-Gefühl, noch mehr Stärke, noch mehr Spaß, Intimität und Nähe, noch mehr Glanz und Sonnenschein kommen.

Lass uns hemmungslos lieben, zarte Küsse spüren, auf Händen getragen werden, all die Liebe geben, die wir schon so lange in uns tragen, lass uns den Geliebten beschenken und von ihm überrascht werden, vor Freude in Tränen ausbrechen, Ängste loslassen, Neues entdecken, uns geborgen und sicher fühlen, die Welt umarmen, starke Arme spüren oder unsere eigene Stärke entdecken.

Vor dir liegt ein Leben, das noch schöner sein kann, als es in deinen Träumen war, wenn du dich öffnest für die Möglichkeiten, die dir offenstehen.

♥

Lektion eins:

Wie du endlich Mr. Right findest

*„Kein Mensch ist austauschbar.
Jeder besteht aus wunderschönen kleinen Details."*

(Before Sunset, 2004)

Das erwartet dich in diesem Kapitel:

› Was bedeutet eigentlich „Mr. Right" und wer ist wirklich der Richtige für dich?

› Du glaubst, du weißt bereits, was du willst? Hier kommt die Erklärung, warum du vielleicht völlig falsch liegst ...

› Ich bringe dir eine effektive und wirksame Methode bei, um herauszufinden, wonach dein Herz sich sehnt und welcher Mann dich glücklich machen wird!

› Und nachdem du erkannt hast, was du wirklich willst, gebe ich dir sieben Tipps, wo du diesen Mann findest.

Der feine Nieselregen auf Julias Haut fühlte sich an wie kleine Nadelstiche. Sie versuchte zitternd ihren Rock ein wenig hinab zu zerren, aber der Stoff gab nicht nach. Dieses Kleid hatte sie sich von Steffi geliehen, normalerweise trug sie nicht solche kurzen, engen Kleider, aber Steffi hatte sie mit ihrer einnehmenden Art überredet.

Julia rückte noch enger an die Außenwand der Pizzeria und versuchte sich vor dem Regen zu schützen. Steffi hielt ihre Pizzaschachtel leicht wankend in der Hand und zog die Nase kraus. Der Regen schien sie nicht zu stören, aber wahrscheinlich lag es auch an den drei Gin Tonic.

Jetzt begann sie auch noch eine ihrer berüchtigten, leicht betrunkenen Reden zu halten; Julia seufzte auf, aber hörte Steffi dennoch zu. „Daniel ist ja eigentlich perfekt ... aber dann auch wieder nicht. Aber er ist schon das, was man einen perfekten Mann nennt ... du weißt, was ich meine, ja?“ Steffi schubste Julia mit ihrem Ellenbogen an, woraufhin die nur genervt nickte.

Irgendwie war die hochgewachsene Brünette mit ihrem großen Mund ja auch lustig. Wie sie da stand, in ihrem kurzen Paillettenkleid, mit den silbernen Ohrringen, genüsslich in die ungeschnittene, runde Pizza beißend. Julia musste lächeln. Die beiden hatten sich erst kürzlich in einer Deutsch-Vorlesung kennengelernt, aber auf Anhieb gemocht.

„Hörst du mir zu?“, fragte Steffi jetzt mit vollem Mund, und Julia beeilte sich interessiert zu nicken. „Also, ein Mann muss zielstrebig sein, alle seine Freunde müssen ihn anerkennen ... anerkennen ... das ist wichtig! So ein richtiges Alpha-Männchen, das sich von nichts einschüchtern lässt, weißt du?“ Julia hatte längst die Hoffnung aufgegeben, auch nur ein Stück von der Pizza zu ergattern, die sie für die beiden eben gekauft hatte. Steffi lehnte sich leicht an sie an und fuhr fort: „Er muss karrierefixiert sein. Schließlich will ich auch mal Kinder unnnnd, ehm, der muss dann dafür sorgen, HICKS, dass ich einen gewissen Lebens- ... Lebensstandard hab", erklärte Steffi, und wie alle Betrunkenen hielt sie ihre Rede zum Thema Männlichkeit in diesem Moment für nobelpreiswürdig. Sie schob noch ein Stück Pizza nach und erklärte Julia, dass ein Mann die Hosen anhaben müsse, stark und selbstbestimmt sein müsse und den anderen zeigen solle, wo der Hammer hängt.

Julia dachte bei dieser Beschreibung kurz an einen Neandertaler, der ein Mammut mit eigenen Händen erlegte. So gesehen hatte Steffi richtig Glück: Ihr Freund Daniel war der Vorsitzende (oder wie auch immer man das dort nannte) einer wichtigen Studentenverbindung, er fuhr mit dem Porsche seines Vaters durch die engen Straßen der Studentenstadt und in seiner Freizeit war er Ringer. Julia war sich sicher: Daniel könnte auch ein modernes Mammut erlegen. In diesem Moment wurde Steffi furchtbar übel und sie flüchtete zum Mülleimer.

Eigentlich hatten sie die Party nur verlassen, weil Daniel Steffi vor seinen Kumpels angebrüllt hatte. Den roten Plastikbecher in der Hand, hatte er ziemlich fiese Ausdrücke gebrüllt, an die Julia sich nicht mehr genau erinnerte, aber dieser Zwischenfall hatte sie so wütend gemacht, dass sie ihre heulende Freundin erbost von der Party gezerrt hatte. In dem Streit ging es wie so oft darum, dass Steffi klammere und ihn von seinem Studium ablenke. Julia fand das total übertrieben, die beiden sahen sich sowieso immer nur spät abends und meist ein- bis zweimal die Woche. Den Rest der Woche hörte sie sich Steffis Klagen darüber an, wie sehr sie sich wünschte, romantische Momente mit Daniel zu verbringen, Abenteuer zu erleben, oder ihm einfach von dem zu erzählen, was sie beschäftigte.

Julia sah ein Mädchen im roten Kleid vorbeihuschen und spürte kurz einen stechenden Schmerz in ihrer

Brust. Sie wollte jetzt nicht darüber nachdenken, dass sie auf der Party auch ihrem Exfreund und dessen neuer Freundin in ihrem roten Hauch von nichts begegnet war. Eigentlich konnte man ihn nicht mal Exfreund nennen, weil sie laut seiner Definition nie zusammen gewesen waren. Sie wollte auch nicht daran denken, wie seine Hand sich in ihrer angefühlt hatte und wie seine Stimme klang, aber die Erinnerungen prasselten plötzlich wie der Nachtregen auf sie ein. Auf der Party hatte er sie umarmt und ihre Enttäuschung nicht verstanden. Und Julia hatte alles daran gesetzt, ihn nicht wissen zu lassen, was sie wirklich fühlte. Wie demütigend, dass er nicht mal zu spüren schien, was sie für ihn empfand, nach den Wochen der Vertrautheit, die sie miteinander verbracht hatten.

Ein röchelndes Geräusch aus Steffis Richtung riss sie aus ihren Gedanken. Julia zog ein Taschentuch aus ihrer kleinen Handtasche und reichte es Steffi, die sich damit den Mund abwischte und dann ihre Freundin dankbar umarmte. „Nach Hause?“, fragte Julia nur, und Steffi zog eine Grimasse, die eine Mischung aus Schmollen und Zustimmung darstellte.

— ♥ —

Wie bestelle ich mir Mr. Right?

Auf den ersten Blick hatte Steffi genau das bekommen, was sie wollte: einen karrierefixierten, fleißigen Mann, dessen erste Priorität seine berufliche Zukunft und sein Status waren. Ein Mann, der seine Dominanz in Männergruppen demonstrierte, der aufgrund seiner körperlichen Stärke angesehen war und der später mal viel Geld verdienen würde.

Aber dennoch war Steffi stets unglücklich und unzufrieden. Sie sehnte sich nach Nähe, gemeinsamen Erlebnissen, aus denen Erinnerungen erwachsen würden. Sie forderte von Daniel mehr Zeit für Gespräche ein und mehr Einfühlsamkeit.

Steffi konnte sich bis dahin nicht eingestehen, dass es das war, was sie eigentlich an einem Mann schätzte, denn sie wurde bei ihrer Partnerwahl geleitet von einem scheinbaren Idealbild. Ihre Hoffnung auf Stärke, Status und Geld standen ihr dabei im Weg, einen einfühlsamen Partner zu finden, der sie als erste Priorität in seinem Leben wählte.

Was ist also die alleralleralllerwichtigste Frage, wenn du wirklich glücklich in einer Partnerschaft mit einem Mann werden willst???

Was will ich?

Eine Prinzessin im Märchen hat es da viel leichter. Der Prinz erlegt den Drachen, löst sieben Rätsel, rettet das Königreich, küsst sie wach mit dem Kuss der wahren Liebe etc. und es ist absolut eindeutig klar: Das ist der Richtige. Genau darauf hat das Königreich 500 Jahre gewartet, es stand bereits so in der Prophezeiung, hier ist der Auserwählte. Schnell noch die Hexe töten, den goldenen Schlüssel finden und PLOPP – hier kommt die Hochzeit. Happily ever after.

Aber du und ich, wir wollen ja unsere Realität zum Märchen machen. Und damit es kein böses Erwachen gibt und du nicht an den falschen Prinzen gerätst, ist es absolut unabdingbar herauszufinden, was du wirklich willst. Unsere Idealbilder lenken uns unbewusst bei der Wahl eines Partners, und das ist auch gut so. Aber einer der Gründe, warum wir bisher nicht den richtigen Freund gefunden haben, kann der sein, dass wir nicht dem richtigen Idealbild folgen.

Steffi glaubte vor ihrer Beziehung zu Daniel, ganz genau zu wissen, was für einen Mann sie suchte. Das Idealbild eines starken Karrieremanns mit lukrativen Zukunftsaussichten sah in ihrer Vorstellung sehr verlockend aus. Oft folgen wir bei unserer Partnerwahl Idealbildern, die gar nicht dem entsprechen, was wir uns aus tiefstem Herzen wünschen, wonach wir uns heimlich sehnen, was uns erfüllt und unser Herz mit Wärme erfüllt.

Diese sind oft geprägt durch Dinge, die wir in den Medien gesehen oder die uns unsere Eltern, Verwandten oder Freunde vorgelebt haben. Manchmal haben wir einfach einen bestimmten Satz so oft gehört, wie zum Beispiel „Echte Männer sind groß, wahre Männer haben Geld, ein Mann muss eine Frau …“, dass wir irgendwann beginnen, diese Sätze als wahr zu empfinden. Unterbewusst sucht unser Gehirn dann nach einem Idealbild, das aber oft nicht dem entspricht, was am besten für uns wäre.

Wie soll man also herausfinden, was unsere geheimen Wünsche sind, deren Erfüllung für lang anhaltende Zufriedenheit in uns sorgen wird?

Bei der Suche nach einer Antwort auf diese so essenzielle Frage konnte mir schließlich eine Technik helfen, die ich von einem meiner Business-Mentoren lernte.

Mithilfe dieser Technik wollen wir deinen unterbewussten Wünschen auf die Schliche kommen. Stellst du dir selbst die

Frage „WAS WILL ICH?“, dann kommt natürlich noch eine Antwort, die unsere alten Idealbilder enthält. Deswegen wollen wir dein Gehirn jetzt ein wenig austricksen.

Auf meinem **YouTube Channel** findest du lauter kostenlose Videos zum Thema Mr. Right.

Lass mir gerne deine Fragen als Kommentar dort und ich werde versuchen, sie in meinem nächsten Video zu beantworten. Um sofort meine Videos anzuschauen, gib einfach diesen Link in deinen Internet-Browser ein:

www.leonie-thoene.com/youtube

Die magische Technik

Für diese Technik brauchst du einen Stift und ein Blatt Papier in DIN A4. Dieses faltest du längs auf der Hälfte, so dass von oben nach unten ein langer Knick entsteht und du jetzt zwei Spalten vor dir siehst. Eine linke und eine rechte Spalte, die über das gesamte Blatt verlaufen.

Schritt 1: Was willst du nicht?

Beachte zunächst nur die linke Spalte dieser Tabelle. Schreibe dort alles auf, was dich in vorherigen Beziehungen genervt hat. Was hat dich unglücklich gemacht oder innerlich zerstört, was trieb dich zur Weißglut, was machte dich wütend, was hast du wirklich gehasst?

Schreib dir einfach alle Dinge von der Seele, die dich an deinen Expartnern oder vergangenen Beziehungen an sich gestört haben. Falls du noch keine Beziehung hattest, dann erinnere dich zurück an Flirtsituationen, an kleine Techtelmechtel. Nicht immer muss ein Flirt mit einer Beziehung geendet haben, um dein Bild davon zu formen, was du magst und was du nicht magst. Wir wollen mit dieser Übung einfach an den Kern deiner tief vergrabenen Wünsche gelangen.

Wenn du eine absolute Anfängerin in Sachen Beziehung bist, dann ist dir sicherlich trotzdem schon etwas aufgefallen, das du an Männern in deiner Umgebung nicht gemocht hast. Wenn der Mann deiner Cousine abfällig über sie spricht? Wenn der Freund deiner Kommilitonin andere Frauen anflirtet? Wenn dein Stiefvater wütend wird? Wenn dein Bruder dich ungerecht behandelt? Wenn der Freund deiner Schwester nie Zeit für sie hat? Du kannst auch überlegen, was du an engen Freundschaften gehasst hast. Wenn deine beste Freundin dich immer hintangestellt und eine andere Freundin bevorzugt hat?

Das Wichtigste an dieser Übung ist, dass du dich nicht verurteilst für das, was du schreibst. Nimm also kritische Stimmen im Kopf wahr, aber lass sie nicht hochkommen oder überhandnehmen.

Und führe zunächst auch noch nicht den zweiten Schritt durch. Lies dir wirklich erst Schritt 1 sorgsam durch und schreib dir alles restlos von der Seele. Als ich diese Übung bezogen auf meine beruflichen Wünsche gemacht habe, sind mir über 300 kleine Sachen eingefallen, die mich stören. Es kann noch so lapidar und unwichtig klingen, schreib es alles auf.

Schritt 2: Übersetze das Negative ins Positive

In diesem Schritt übersetzt du alles, was du auf der linken Seite gefunden hast, ins Gegenteil. Wenn links beispielsweise steht: „Ich hasse es, wenn er mich nicht beachtet", schreibst du auf die rechte Seite: „Ich liebe es, wenn er mir viel Beachtung schenkt."

Manchmal ist bei dieser Aufgabe schon ein bisschen Überlegung verlangt; wenn da zum Beispiel steht: „Ich hasse es, wenn er mir nichts schenkt", dann kannst du rechts zum Beispiel schreiben: „Ich liebe es, wenn er mir viel schenkt" oder „... wenn er mir zu wichtigen Anlässen etwas schenkt." Da kennst du dich selbst am besten.

Und genau darum geht es bei dieser Übung: in dich hineinzuhören und noch mehr über dich selbst und deine Wünsche in einer Partnerschaft herauszufinden.

Schritt 3: Zusammenfassung der positiven Merkmale

Wenn du die gesamte linke Spalte ins Gegenteil übersetzt hast, hast du eine lange Liste an Dingen vor dir, welche dich glücklich machen und die du dir wünschst. Versuche nun die einzelnen Punkte in Kategorien zusammenzufassen. Gibt es vielleicht mehrere Punkte zum Thema AUSSEHEN? Siehst du Parallelen im Bereich KOMMUNIKATION oder GEFÜHLE? Finde deine eigenen Überschriften und sortiere deine einzelnen Wünsche darunter ein. So bekommst du nach und nach ein immer klareres Bild davon, was dir bei deinem Partner wichtig ist.

Ganz wichtig bei dieser Technik: Bleibe gedanklich offen. Denn vielleicht wird jemand, von dem du es auf den ersten Blick gar nicht erwartest, dir genau das geben, wonach du dich sehnst.

Du hast jetzt eine Art Fahrplan, wo sich Mr. Right versteckt. Während du bisher vielleicht im Westen, im Osten und im Norden geflirtet hast, weißt du jetzt, dein Traummann versteckt sich im Südwesten.

Du musst nicht mehr ziellos umherirren, aber du musst auch keine 30-Punkte-Checkliste bei dir tragen und potenzielle Partner damit abchecken, bevor du dich für die Liebe öffnest.

Männer kennenlernen – sieben Orte, an denen du deinen Traummann findest

Jetzt hast du also herausgefunden, was du dir für einen Mann wünschst! Im nächsten Schritt stelle ich dir ein paar grandiose Orte vor, wo du ihn auch finden kannst.

1. Auf privaten Partys

Private Partys sind ein perfekter Ort, um unkompliziert mit Männern ins Gespräch zu kommen.

Du bist nicht völlig fremd, deine Freundin oder der Gastgeber kann dich anderen Gästen vorstellen. Du musst dich nicht, wie im Club, durch eine Menge an Unbekannten wühlen und versuchen, auf dich aufmerksam zu machen. Du befindest dich auf sicherem Terrain, weil es allgemein anerkannt ist, auf Partys locker mit den anderen Anwesenden umzugehen, das erhöht die Möglichkeit für einen Flirt.

Aber Vorsicht, hier lauern einige Stolperfallen:

› **Verschanze dich nicht in der Mädchenlästerecke.** Es ist verlockend, dich zuallererst einer Gruppe lachender oder quatschender Mädels anzuschließen. Besonders, wenn du einige davon vielleicht schon flüchtig kennst. Aber bedenke: Für Männer ist es auch eine brenzlige Situation, eine Frau anzusprechen, eine Situation nämlich, die mit vielen Ängsten behaftet ist.

  Wenn du in einer Gruppe stehst, die von außen wie ein eingeschworener Kreis aus Verbündeten aussieht, wird es für ihn viel schwerer sein, dich anzusprechen. Er muss jetzt erst einmal Zugang zu euch als Gruppe finden, obwohl ihr nicht ausseht, als wäret ihr offen für neue Teilnehmer. Das ist so, als würdest du dich in einem Restaurant einfach an den Tisch einer fremden Hochzeitsgesellschaft setzen und versuchen dort Freunde zu finden. Für den Mann besteht ein viel größeres Risiko, sozial abgelehnt zu werden. Er muss sich also quasi in die Höhle des Löwen begeben, um dich anzusprechen.

Zudem hast du in einer lästernden Mädchengruppe eine ganz andere Wirkung auf ihn als vielleicht als Einzelperson. Von außen können Gruppen lachender oder tuschelnder Menschen immer etwas bedrohlich wirken. Der Mann kann nicht genau einschätzen, worüber ihr lacht und flüstert.

Ist es vielleicht seine Frisur? Wisst ihr vielleicht von dem Missgeschick, das ihm auf der letzten Party passiert ist? Kennt ihr seine Exfreundin und die hat nicht gut von ihm geredet?

Wenn er kein absoluter Partykracher ist, ein gefestigtes Selbstbewusstsein hat, geübt darin ist, seine Ansprechangst zu überwinden – dann wird ihn eine Gruppe gackernder Mädels sicher davon abhalten, DICH anzusprechen.

› **Sei kein Miesepeter.** Du bist neu auf dieser Party, du kennst vielleicht nur den Gastgeber und der ist gerade nicht da und du hast dich mit der Situation noch nicht vertraut gemacht? Alles völlig verständlich. Aber versuche mit einer positiven und offenen Einstellung auf diese Feier zu gehen.

Lächele, sei interessiert, frag nach. Lass dich nicht von deinen Vorstellungen von Attraktivität einschränken. Scanne nicht den Raum mit deinen Laseraugen nach Männern ab, die in dein Schema passen. Vielleicht übersiehst du so die Liebe deines Lebens, einen netten Bekannten oder jemanden, der dir später deinen Zukünftigen vorstellen wird. Sei einfach offen für die Menschen, denen du dort begegnest. Freue dich über die Chance, in fremde Gedankenwelten eintauchen zu können.

Aufgepasst bei Miesepetern! Wenn du merkst, dass jemand mit einer total schlechten Einstellung auf der Party ist, lass dich nicht von ihm in seine Sichtweise der Welt hineinsaugen. Wenn du merkst, dass dir ein Gespräch mit jemandem nicht guttut, du dich klein, schlecht und unwohl fühlst, dann gib vor, dir etwas zu trinken holen zu wollen, oder beende das Gespräch auf eine andere höfliche Art. Such dir schnell jemanden mit einer positiveren Ausstrahlung.

› **Sei nicht im Jagdmodus.** Das hier ist keine Challenge. Es gibt keinen Preis für die Frau, die abends einen Mann an der Angel hat. Du hast dir hier keine Zielvorgabe gesetzt, die du auch erfüllen musst.

Vielleicht lernst du auf dieser Party niemanden kennen, den du ansatzweise interessant findest. Vielleicht sind eine Menge netter Mädels da. Vielleicht triffst du jemanden, den du zwar nicht attraktiv, aber nett findest – nein, dieser Mann MUSS NICHT dein Date werden. Vielleicht bleibt ihr in Kontakt, vielleicht lernst du durch ihn drei Monate später jemand anderen kennen.

Vielleicht aber auch nicht und es gibt einfach leckeres Essen und du hast mal eine interessante Inneneinrichtung in einer Wohnung in der Altstadt gesehen.

› **Trink dir keinen Mut an.** Du bist vielleicht noch nicht auf vielen Partys gewesen. Vielleicht liegt deine aktive Partyzeit schon 20 Jahre zurück. Vielleicht bist du dir unsicher, ob du das richtige Outfit anhast, und weißt gar nicht genau, was von dir auf so einer Party erwartet wird. Das ist überhaupt kein Problem. Glaub mir, wenn du dir jetzt Mut mit Alkohol antrinkst, dann wird dir das nicht bei der Suche nach einem liebevollen und atemberaubenden Partner helfen. Alkohol gibt dir vielleicht im ersten Moment eine gewisse Lockerheit, und ich sage auch nicht: Trink auf keinen Fall ein Glas Sekt, das geht auf jeden Fall schief. Ich sage nur: Vier Wodka-Red-Bull sind wahrscheinlich zu viel des Guten.

Alkohol schränkt dein Entscheidungsvermögen ein, es mindert deine Wahrnehmungsfähigkeit. Wir sind unwiderstehliche Frauen und wollen nicht kotzend in der Ecke hängen, lallend Geschichten erzählen, die man erst beim dritten Date aus der Kiste holen sollte, oder angestrengt versuchen unseren Blick zu fixieren.

Wenn du dich unsicher fühlst, schau dir erst mal die Wohnung an. Geh in die Küche und guck, was es dort zu essen gibt. Kannst du jemandem bei der Dekoration helfen? Wenn du völlig in Panik ausbrichst, such dir eine ruhige Ecke, von mir aus, versteck dich kurz auf dem Klo (das ist völlig legitim, Mädels) und atme durch.

Erinnere dich, wie wunderbar du bist. Was ist das Schlimmste, das heute Abend passieren kann? Kann es sein, dass es überhaupt nicht schlimm wäre, wenn das wirklich eintreffen würde? Gibt es Indizien dafür, dass deine Panik unberechtigt ist? Was würde dir helfen, dich jetzt besser zu fühlen???

2. Interessengruppen

Hast du ein besonderes Hobby? Interessierst du dich für etwas Bestimmtes? Hast du eine Leidenschaft, die dich begeistert? Schließ dich einer Gruppe an, die sich genau damit beschäftigt. Vertiefe deine Fähigkeiten in diesem Bereich, und lerne automatisch Männer kennen, die ähnliche Interessen haben wie du. Hier zwei mögliche Beispiele:

- **Sprachkurse:** Wolltest du immer schon mal dein Englisch aufbessern, Französisch lernen oder auf Spanisch flirten können? Melde dich endlich bei einem Sprachkurs an. Falls du noch im Studium bist: Förderungswerke und Stiftungen (DAAD etc.) bieten Stipendien für Sprachkurse im Ausland an.

  Vielleicht gibt es sogar an deiner Uni die Möglichkeit, einen Sprachkurs kostenfrei zu besuchen. Meist haben solche Kurse eine relativ kleine Anzahl an Teilnehmern, wodurch du zur Kommunikation innerhalb der Sprachschule ermutigt wirst. Raum für ein Kennenlernen mit spannenden Männern bietet nicht nur der Unterricht selbst, sondern auch gemeinsame Pausen oder Ausflüge.

- **Fangruppen:** Liebst du Mangas? Bist du Fan einer bestimmten Musikrichtung? Sammelst du etwas? Glaub mir, es gibt immer andere Menschen, die sich für dasselbe interessieren wie du. Durchforste das Internet auf der Suche nach einer Gruppe, die sich zu diesem spezifischen Thema trifft. Ich empfehle Seiten wie meetup.com oder Facebook-Events sowie Gruppen bei Facebook.

3. Beim Sport

Dieser Tipp könnte dir nicht nur zu einem Date, sondern auch generell zu mehr Wohlgefühl verhelfen. Sport kurbelt nicht nur deinen Metabolismus an und hilft dir, dich wohler in deiner eigenen Haut zu fühlen, sondern aktiviert auch die Produktion von Glückshormonen.

Gibt es eine Sportart, die du immer schon mal ausprobieren wolltest? Hast du als Kind Basketball geliebt? Vielleicht ist das deine Möglichkeit, einen Mann kennenzulernen, der entweder deine sportlichen Vorlieben teilt, der dir helfen wird noch mehr aus deinem Körper zu machen oder mit dem du gemeinsam einfach

Spaß bei Teamsportarten haben kannst. Vielleicht lernt ihr euch auch einfach nur beim Beachvolleyball kennen und hängt danach den Trainings-Bikini an den Nagel und verkriecht euch auf die Kuschelcouch.

Belege Schnupperstunden bei Sportvereinen oder geh ins Fitnessstudio. Dies ist ein Ort, an dem viele meiner Bekannten schon Männer kennengelernt haben.

4. Im Theater

Nein, die Wahrscheinlichkeit ist nicht besonders groß, dass dich viele Männer ansprechen werden, wenn du alleine in der Oper mit deinem Fernglas in einer Ecke wartest.

Ich denke hier eher an Comedy, Stand-up, Kleinkunst, Kabarett und Ähnliches. Solche sozialen Events finden meist in kleineren Theatern, in kuscheligen Bars, Cafés oder kleinen Clubs statt.

Natürlich besuchen auch Pärchen solche Events, aber oft sind es Gruppen von Freunden, unter denen sich auch Single-Männer finden. Schnapp dir deine Freundin, fahrt die Dating-Antennen aus, unterstützt euch gegenseitig und traut euch gemeinsam mit Männern zu flirten, zu kommunizieren und zu lachen. Hier herrscht oft eine lockere Atmosphäre, bei der man schnell in der Pause an der Bar ins Gespräch kommen kann.

5. Tanzkurse

Ja, ich weiß: Männer sind meist Mangelware in Tanzkursen. Allerdings haben deshalb viele Tanzschulen bereits Online-Vermittlungsmöglichkeiten geschaffen. Es gibt Websites, die es sich ganz zur Aufgabe machen, Tanzpartner zu vermitteln, und beim Tanzen kommt man sich automatisch näher, berührt den anderen, weiß, wie er riecht, wie er sich bewegt und wie er auf Missgeschicke reagiert.

6. Vernissagen

Wenn du dich im Entferntesten für Kunst interessierst – oder einfach ein Gefühl für die Ästhetik von Kunstwerken mitbringst – oder wenn du Interesse am Kreativen hast, dann besuche Eröffnungsfeiern von Ausstellungen. Es ermöglicht dir, dich schick zu machen, dein Lieblingskleid auszuführen, deine Haare zu stylen, die teure Handtasche unter den Arm zu klemmen und interessante Männer kennenzulernen.

Auf vielen Ausstellungseröffnungen werden Häppchen und Sekt gereicht, und es ist ganz natürlich, dass sich die Besucher über die dort ausgestellte Kunst austauschen.

Wenn du also vor einer großen grünen Leinwand mit einem roten Punkt stehst, frage einfach deinen Nebenmann: „Und, was hältst du von diesem Werk?"

7. Networking-Veranstaltungen

Ich habe selten so viele umsetzungsstarke und engagierte Männer auf einem Haufen gesehen wie bei Unternehmer-Networking-Partys, Start-up-Veranstaltungen oder Entrepreneur-Blablas ... Du wirst eine der wenigen Frauen auf diesen Veranstaltungen sein – leider ist das immer noch so. Aber das kannst du zu deinem Vorteil nutzen.

Vielleicht hast du sogar wirklich eine Idee für ein Unternehmen? Du strickst leidenschaftlich? Warum nicht einen Blog zu diesem Thema konzipieren und später Geld damit verdienen. Warum nicht von einer Strick-Community träumen, in der sich Handarbeitsjunkies austauschen?

Geh raus mit deinen Ideen.

Keiner dort verlangt von dir einen fertigen Business-Plan oder eine komplett ausgearbeitete Strategie. Interessiere dich für die

Traumschlösser der Männer, hör ihnen zu, verstehe ihre Vision. Je mehr ehrliches Interesse du zeigst, desto attraktiver wirst du auf Männer wirken.

Mein Tipp zum Outfit:

Zieh dich sexy an, aber casual. Du wirst dich wahrscheinlich nicht sonderlich wohlfühlen, wenn du mit deinem Minikleid in einer Gruppe stehst, die aus Männern besteht, die allesamt Schafswollpullis tragen.

Außer du liebst den großen Auftritt und die ungeteilte Aufmerksamkeit aller Anwesenden schon in der ersten Minute, in der du die Location betrittst.

Kurz gesagt: Trage etwas, worin du dich wohlfühlst und das deine Vorzüge betont.

Lektion zwei:

Date-ready – wie du unwiderstehlich wirst

„Du bist wunderschön. Ich gehe langsam auf dich zu und bemerke, dass auch andere dich beobachtet haben. ‚Kennen Sie diese Frau?‘, fragen sie mich neidisch, und während du mir zulächelst, sage ich einfach nur die Wahrheit: ‚Besser als mein eigenes Herz.‘“

(Nicholas Sparks: Weit wie das Meer)

Dieses Kapitel beinhaltet:

› Wie du deine Chancen erhöhst, Männer kennenzulernen

› Wie dein Mindset und dein Aussehen beeinflussen, ob und welche Männer sich in dich verlieben

› Was du machen musst, damit die richtigen Männer auf dich aufmerksam werden und dich ansprechen

› Tricks, um Männer so anzusprechen, dass ihr Jagdtrieb angeregt wird

Julia blickte für einen Moment von ihrem Buch auf und schaute aus dem Fenster. Sie hasste dieses trübe Wetter und die Kälte in ihrem Appartement. Mürrisch stand sie auf, drehte die Heizung noch eine Stufe höher und sah sich in ihrem Schlafzimmer um. Es war ihr einfach schleierhaft, wie es manchen Menschen gelang, akribische Ordnung in ihren vier Wänden zu halten.

Auf ihrem Laptop war noch Pinterest offen. Sie hatte vor ein paar Stunden die Suchbegriffe „apartment, chic, stylish, design“ eingegeben, und die Bilder von perfekt eingerichteten Wohnungen in aufeinander abgestimmten Beigetönen machten sie nur noch grantiger. Ein langweiliges Buch lesen, sich um den Hausputz drücken, liegen gebliebene Arbeit verdrängen und im Internet googeln ... Was man an einem Samstag eben so macht, wenn man keinen Freund hat, dachte Julia. Als hätte sie Julias Gedanken gehört, schickte ihr Steffi jetzt auch noch ein laszives Foto von sich und Daniel mit der Bildunterschrift „Sorry, wird heut Abend nichts mit Filme gucken. Bin mit Danny unterwegs. Love U!“. Ihre On-off-Beziehung war gerade mal wieder on. Jetzt konnte nur noch eins Julias Laune heben. Sie öffnete die Kühlschranktür. Eine eingetrocknete Gurke kuschelte dort mit einer Flasche Fertig-Salatsoße.

Wenige Minuten später fand sie sich in ihrem Smart wieder. Julia war auf der Jagd. Auf der Jagd nach China-Fastfood. Sie hatte nur schnell einen Pulli übergezogen, trug dieselbe Jeans wie gestern und vorgestern und ein Blick in den Rückspiegel ließ sie kurz zusammenzucken, als sie ihr verwischtes Augen-Make-up vom Vortag erblickte. Mit dem Daumen der einen Hand wischte sie unter ihrem Auge hin und her, während sie mit der anderen versuchte, in die Parklücke vor MR. WONG einzulenken.

Mr. Wong war in Wirklichkeit Inder, aber das schadete ja der Ente süß-sauer nicht, fand Julia. „Einmal die 32 B, dazu Reis, und die 34 A, aber ohne Reis, und die gebackene Ente", bestellte Julia gerade, als jemand das Fast-Food-Restaurant betrat, der sofort ihre gesamte Aufmerksamkeit forderte. Er war hochgewachsen, sportlich, eine Mischung aus Jason Bourne und Brad Pitt, und er war ziemlich nass geworden. Julias Herz machte einen kurzen Aussetzer, als er sich die feuchten Haare von der Stirn wischte.

„Entschuldigung, das Café Prada, ist das hier auf der Straße?", fragte er. Julia realisierte erst einen Herzschlag später, dass er sie gemeint hatte. Mr. Wong war gerade in der Küche. „Ehm ... eh, was?" Er sah sie irritiert an und wiederholte seine Frage: „Café Prada? Hier? Auf dieser Straße?" Langsam kam ihr Hirn wieder in Gang. „Ja, ehm ... warte, ich ... ehm ..." Julia wollte eigentlich nur aus dem Fenster des Restaurants schauen, um sich zu vergewissern, aber ihr Blick blieb an Mr. Wongs Spiegel hängen, den kleine rote Lampions säumten. Sie erkannte ihr Spiegelbild und es verschlug ihr die Sprache, denn sie sah aus wie ein Zombie. Der Pullover war ihr ein bisschen zu groß und ließ sie fünf Kilo schwerer aussehen, ihre Haare waren ungekämmt und zerzaust, gar nicht zu sprechen von ihrem verschmierten Lidstrich. Nervös fummelte sie sich an ihren Haaren herum und wollte gerade weiter stammeln, da kam ihr Jason Bourne zuvor.

„Ah, okay, du hast keine Ahnung, oder? Sprichst du überhaupt Deutsch?" Mit diesen Worten stürmte er wieder raus in den Regen und verschwand hinter einer Straßenecke.

Julia atmete geräuschvoll aus und biss sich beschämt auf die Unterlippe. Sie war jetzt alleine im Restaurant, Mr. Wong würde noch eine Weile in der Küche bleiben, was ihr die Möglichkeit gab, die Situation zu verarbeiten. Sie hatte einfach kein Glück mit Männern. Das gerade schien wie die Kurzfassung ihres Liebeslebens in drei Minuten zu sein. Julia trifft Mann, Julia begeistert, Mann weg. Das FREE-WIFI-Schild schien sie hämisch von der Wand des Restaurants anzugrinsen. Es hing direkt neben diesem teuflischen Spiegel. Beinah reflexartig zog sie ihr Smartphone aus der Innentasche des Pullovers und öffnete den Internet Browser. Eine Klatsch-und-Tratsch-Seite war noch geöffnet. „Große Liebe gefunden" stand da, und Julia hätte sich am liebsten hinter dem Tresen versteckt, so wie sie sich jetzt gerade fühlte. Nicht, dass sie unbedingt einen Mann in ihrem Leben BRAUCHTE, aber es wäre doch schön, wenn sich mal wenigstens der Richtige für sie interessieren würde.

Ihre Finger glitten über den Touchscreen ihres Handys. Sie ließ ihre Gedanken schweifen und landete wie automatisch auf YouTube. Das erste vorgeschlagene Video war ein Make-up-Tutorial für Halloween, das zweite eine Buchbesprechung von Franz Kafkas Werk „Die Verwandlung". Sie wollte schon ihr Handy wieder ausschalten, als ihr Blick auf das dritte vorgeschlagene Video fiel. „MR. RIGHT AUF BESTELLUNG" stand da. Schnell überprüfte sie, ob Mr. Wong inzwischen in den Laden gekommen war. Sie war immer noch allein. Das klang schon irgendwie ganz interessant. Vielleicht könnte sie damit auch Steffi helfen, endlich einen Mann zu finden, der besser zu ihr passte als Daniel, dachte Julia. Rasch holte sie ihre kleinen, weißen Kopfhörer aus der Pullovertasche hervor, steckte sie ins Smartphone und drückte auf PLAY.

Date-ready: Mindset

Ich möchte, dass du ab jetzt nicht mehr den gleichen Fehler machst, den Julia begangen hat.

Aber was genau hat sie falsch gemacht? Mit ihren strubbeligen Haaren und ihrem achtlos zusammengewürfelten, etwas ungepflegten Äußeren hat sie sich selbst die Chance auf eine aufregende Begegnung mit einem attraktiven Mann genommen.

Julia war sich einfach einer sehr essenziellen Kleinigkeit nicht bewusst: Jede Minute deines Tages ist eine Möglichkeit, einen Partner kennenzulernen. Jeder Tag ist ein Tag, an dem du Komplimente erhalten darfst, flirten kannst, dich selbst in den Augen anderer erkennen und neu entdecken darfst.

Wir lernen Männer nicht nur am Wochenende kennen. Wir leben nicht nur am Wochenende, wir leben jeden Tag. Und das genau meine ich mit date-ready: Sei in jedem Moment bereit, eine Bekanntschaft zu machen. Egal ob sie zu einer Freundschaft, vielleicht sogar einer Arbeitsbeziehung oder einer Liebesbeziehung führt.

Was glaubst du, wie viele potenzielle Partner dir schon durch die Lappen gegangen sind, weil du mit einer negativen Ausstrahlung, einem ungepflegten Äußeren und daraus resultierend einer Unsicherheit deiner eigenen Person gegenüber in die Welt gegangen bist?

Aber keine Panik! „Gehe niemals ohne Make-up aus dem Haus!", hat dir vielleicht deine Mutter gepredigt, und ich bin kein großer Fan dieses Satzes.

Du bist wunderschön ganz ohne Make-up. Ich würde diesen Satz gerne abändern: „Gehe niemals ohne Selbstachtung aus dem

Haus!" Und Selbstachtung bedeutet für mich, auf sich selbst achtzugeben – deinen Körper sorgsam und liebevoll zu behandeln, dir bewusst zu machen, wie wundervoll und einzigartig du bist, dich in Kleider zu hüllen, die dafür sorgen, dass du dich großartig fühlst.

Wenn du auf dich selbst achtest, dann kann es durchaus sein, dass du ohne Make-up aus dem Haus gehst, aber sicher nicht, dass dich dein eigenes Spiegelbild so erschrickt, dass du dich in Gegenwart eines Mannes unwohl fühlst.

Du gehst mit dem Hund raus? Du willst kurz Lebensmittel einkaufen gehen? Du musst nur eine Kleinigkeit erledigen oder besorgen? Sei bereit, sei offen.

Wie kannst du konkret dafür sorgen, von mehr Männern angesprochen zu werden? Hier drei einfache Tipps:

1. Be social – erhöhe deine Chance, Menschen zu treffen

Zu Hause wirst du nicht Mr. Right kennenlernen. Er kommt nicht vorbei, klingelt und entführt dich dann auf ein Blind Date. Auch nicht, wenn du dieses Buch von vorne bis hinten durchgelesen hast. Einen Partner kennenzulernen bedeutet, Männern die Chance zu geben, dich zu sehen – das heißt, du musst deine kuschelige Komfortzone verlassen und dich mit mehr Menschen umgeben.

Je mehr Menschen du triffst, desto größer ist die Chance, dass einer davon Mr. Right ist oder Mr. Right kennt. In Lektion eins habe ich dir sieben Orte vorgeschlagen, an denen du Männer kennenlernen kannst. Jetzt liegt es an dir, dich aus deinem Schneckenhaus zu trauen und aktiv zu werden. Guck in deinen Kalender, welcher Tag der Woche ist heute?

Okay, jetzt schließen wir einen Pakt: Bis nächste Woche will ich, dass du deine Activities verdoppelt hast. Wenn du bisher einmal die Woche zum Sport gehst, dann gehst du ab nächster Woche zwei Mal die Woche zum Sport. Wenn du einmal im Monat eine Ausstellungseröffnung besuchst, dann such dir im Internet zwei Vernissagen raus. Findest du keine zwei Veranstaltungen dieser Art, dann heißt es einmal Sport, einmal Vernissage. Das sind schon zwei Chancen in einer Woche.

2. Smile – lächele Männer an und du machst sie verrückt

Es klingt wirklich zu einfach, um wahr zu sein. Wenn du Männer anlächelst, gibst du ihnen eine unterbewusste Einladung, dich anzusprechen. Keine Sorge, du musst jetzt nicht bei jedem Fremden aufpassen ihn nicht anzulächeln, aus Angst, er könnte dich verfolgen und verführen wollen.

Erinnere dich: Wir wollen unseren Radius vergrößern, mehr Menschen in die Auswahl lassen und sie nicht sofort aufgrund äußerlicher Attribute sofort ausschließen. Sei offen, geh mit einem Lächeln durch deinen Tag und lächele Männer direkt an.

Nicht nur die Brad Pitts und Channing Tatums da draußen. Alle. Anfangs wird dir das vielleicht total seltsam vorkommen, da wir in unserer Gesellschaft gelernt haben, den Blick zu senken oder abzuwenden. Aber vertrau mir, es wirkt Wunder und es hat schon bei vielen meiner Freundinnen gewirkt und auch bei mir.

3. Ask – gib ihnen die Chance, den Helden zu spielen

Du möchtest nicht darauf warten, dass ein Mann dich anspricht? Du siehst diesen wirklich attraktiven Mann und suchst nach einer

Möglichkeit, ihn auf dich aufmerksam zu machen? Hier kommt die Lösung: Die meisten Männer wären sicherlich absolut überfordert, wenn du in einer Alltagssituation auf sie zukämst und ihnen geradeheraus sagtest, dass du sie gerne kennenlernen würdest.

Ich hätte zwar einen wahnsinnigen Respekt vor deinem Mut, aber du brauchst dich gar nicht in eine solch heikle Situation zu begeben. Es geht viel einfacher: Frag ihn um Rat. Bitte ihn um seine Hilfe.

› Entschuldigung, ich suche die XXX-Straße?

› Sorry, hast du eine Ahnung, wie dieser XXX funktioniert?

› Muss man das erst einstecken, oder wie funktioniert das?

Es geht in diesem Moment nur darum, dass du erst einmal auf seinem Radar erscheinst. In der Sekunde, in der er dich wahrnimmt, besteht deine Aufgabe darin, so offen, freundlich und interessiert zu sein wie möglich.

› Lächele ihn an.

› Lass deinen Blick ein wenig länger auf ihm ruhen als normal.

› Sieh ihm direkt in die Augen.

› Bedanke dich, aber schau nicht weg – gib ihm die Chance, dich auf etwas anderes anzusprechen.

Im Gehirn des Mannes muss in diesem Moment aufploppen: „Das ist eine interessante Frau. Wie kann ich sie kennenlernen?“ Das erreichst du, indem du dich von einer Frau absetzt, die wirklich nur eine Frage hatte, die wirklich nur nach Hilfe gefragt hat. Er muss kurz irritiert werden und das Gefühl haben, dass du auf gewisse Weise Interesse an ihm hast. Männern schmeichelt das ungemein. Im Idealfall wird er vielleicht sogar überlegen, ob du ihn nur gefragt hast, um seine Aufmerksamkeit zu erlangen. Keine Sorge, das ist genau das, was wir wollen. Gönn ihm den kleinen innerlichen Triumph. Wenn er charmant damit umgeht, dann ist er vielleicht Mr.-Right-Material.

Das Mindset attraktiver und begehrter Frauen

Schneewittchen war wunderschön. Haare so schwarz wie Ebenholz, Lippen rot wie Blut ... Aber Schneewittchen hatte auch ein ziemliches Problem: Sie überlebte nur knapp mehrere Mordversuche ihrer eifersüchtigen Stiefmutter. In der Disneyverfilmung ist sie sogar eigentlich schon eine Weile tot.

Wir alle haben als Kinder das Märchen von Schneewittchen gehört, gelesen oder gesehen. Mir war danach zumindest unterbewusst eins klar: Übermäßige Attraktivität zwingt dich zur Flucht aus deinem Elternhaus, hinein in die Haushaltsführung einer Zwergenkolonie, und schließlich endest du in einem mysteriösen Komazustand, welcher durch einen vergifteten Apfel ausgelöst wurde ... Das ermutigt einen nicht unbedingt, an seinem Äußeren zu arbeiten.

Aber Moment mal ... am Ende bekommt sie doch den Prinzen, oder? Also, vielleicht sollten wir dieser Sache mit dem Aussehen noch eine Chance geben.

Es kann gut sein, dass du Glaubenssätze zum Thema Schönheit und Selbstbewusstsein gespeichert hast und diese dich unbewusst davon abhalten, dein volles Potenzial auszuleben und eine glückliche Partnerschaft einzugehen.

- Du willst nicht aufgrund deines Äußeren beurteilt werden?
- Du willst jemanden finden, der nicht nur deinen Körper, sondern auch deine Seele liebt?
- Du bist eine emanzipierte Frau, die ihren Erfolg nicht auf ihr Aussehen stützen will?
- Du hast keine besonders gute Meinung von den Frauen, die stundenlang vor dem Spiegel stehen und sich übertrieben auftakeln?
- Für sowas hast du gar keine Zeit? Weil du eine viel beschäftigte und erfolgreiche Frau bist?

Kommen dir diese Gedankengänge bekannt vor? Dann lass mich dir ein anderes Gedankenmodell anbieten:

Schönheit und Intelligenz gehören zusammen.
Schönheit und Charakterstärke gehören zusammen.
Schönheit und Selbstständigkeit gehören zusammen.

Ich möchte, dass du dir jetzt einen Stift sowie ein großes Blatt Papier nimmst und mit schwarzen, dicken Buchstaben darauf folgende Worte schreibst:

ICH BIN EINZIGARTIG, ANZIEHEND UND WUNDERSCHÖN.

Jetzt setz dich hin und sag es laut. Los, trau dich! Leg dich von mir aus in die Badewanne, leg deinen Lieblings-Dance-Hit auf und tanz durch deine Wohnung, reiß das Fenster auf und schrei es nach draußen, ruf deine Freundin an und sag es ihr.

ICH BIN EINZIGARTIG, ANZIEHEND UND WUNDERSCHÖN.

Traust du dich noch nicht? Glaubst du deinen eigenen Worten noch nicht? Dann kannst du dir einer Sache wirklich sicher sein: Ich glaube an dich. Ich bin zutiefst davon überzeugt, dass du ein einzigartiges, unwiderstehliches und wunderschönes Wesen bist. Und dafür musst du nichts tun, nichts können, nichts leisten. Einfach du. Du bist genug.

Du wurdest bereits bei deiner Geburt ausgestattet, mit all deinen herausragenden Qualitäten, mit deiner ganz speziellen, berauschenden, glitzernden, fantastischen Art, mit deinen wahnsinnig attraktiven Wesenszügen.

Es ist Zeit, dass du dich nicht mehr zurückhältst, nicht mehr verhalten und leise bist und erkennst, was für ein Geschenk es ist, dich daten zu dürfen.

Im Alltag fällt es uns oft schwer, uns selbst anzuerkennen und zu lieben. Wir werden zurückgewiesen, unser Traummann zieht eine andere Frau vor, wir wurden betrogen, zurückgelassen, im Streit wurden uns Beschimpfungen an den Kopf geworfen.

Aber heute ist der Tag, an dem du dir selbst erlaubst, all das hinter dir zu lassen. Wir schreiben ein neues Kapitel im Buch deines Lebens. Und in diesem Kapitel ist jeder Tag ein Tag, um sich schön zu fühlen.

Ja, jeder Mann ist individuell, seine persönliche Vorstellung von Attraktivität kann stark von der eines anderen Mannes abweichen. Aber dennoch ist es nicht unklug, sich die Ergebnisse wissenschaftlicher Studien zum Thema Partnerwahl anzusehen und sich diese beim Dating zunutze zu machen.

David Buss von der Universität Michigan hat gemeinsam mit seinem Team eine der größten Partnerwahlstudien weltweit durchgeführt.

Die Studie befasst sich unter anderem mit der Thematik, wonach Frauen sowie Männer bei der Partnerwahl suchen.

Männer werden durch die unrealistischen Bilder der Werbung, durch Filme, durch Magazincover, durch Instagram-Posts und Musikvideos beeinflusst. Musst du deswegen versuchen auszusehen wie die Kardashians oder das nächste Playboy-Centerfold?

Nicht unbedingt (außer du möchtest es gerne, auch dann bin ich auf deiner Seite). Alles, was ich dir rate, ist, dass du deinen Blick öffnest und gar nicht erst eine verbitterte Einstellung gegenüber Schönheit entwickelst und dir die Ergebnisse der Forschung zunutze machst.

Es ist okay, mit diesem Wissen zu spielen. Aus evolutionspsychologischer Sicht machen zwei Attribute Frauen besonders attraktiv für Männer: Gesundheit und Jugend.

Männer suchen demnach nach beobachtbaren Beweisen für diese beiden Eigenschaften bei einer Frau.

Bezogen auf Äußerlichkeiten zählt Buss Folgendes auf:

- volle Lippen
- klare und glatte Haut
- klare Augen
- glänzendes volles Haar
- einen guten Muskeltonus/das richtige Maß an Körperspannung und Entspannung

Unter beobachtbare Verhaltensmerkmale, die Jugend und Gesundheit demonstrieren, fallen:

› federnder, jugendlicher Gang

› ausgeprägte Gesichtsausdrücke (Lachen, zustimmende Bewegung der Brauen etc.)

› ein hohes Energielevel

Date-ready: Körper

Ladies, it's time to get that ass in shape. Du möchtest gerne 100 Prozent deines Potenzials leben und dich so unwiderstehlich in deiner Haut fühlen, dass Männer sich nach dir umdrehen und dein Traummann gar nicht mehr anders kann, als sich im Sturm in dich zu verlieben? Dann brauchen wir auch ein bisschen körperlichen Einsatz von deiner Seite.

Glaub mir, ich bin die Letzte, die dir wundervollem Wesen eine Radikaldiät empfiehlt. Ich hasse Sport. Ich bin einfach keins dieser Mädchen, die sich morgens schon in die hautenge, neonfarbene Sportkleidung zwängen, um dann durch den Matsch zu joggen.

Kennst du dieses Gefühl, wenn deine Brüste beim Rennen auf und ab wippen und du den Eindruck bekommst, dein Bindegewebe im Oberkörper würde für immer irreparabel zerstört, wenn du noch einen Meter weiterrennst? Und ich hab hier noch nicht über Schwitzen, schmerzende Füße, komisch guckende Menschen, die einen beim Sport beobachten, und Lungenschmerzen geredet.

Aber uns ist doch allen klar: Wir wollen gerne gut aussehen, und zwar für uns. Nicht für irgendeinen Mann. Bewegung hat eine extrem positive Auswirkung auf unseren Gesamtzustand, was wissenschaftlich erwiesen ist.

In diesem Text gebe ich dir drei abartig einfache Tipps mit, wie ihr, ohne euch auf Laufbändern abzustrampeln oder ausschließlich Rohkost zu knabbern, zu eurem Traumkörper kommen könnt.

1. Change your Rolemodel

Also, wenn man mich neben Heidi Klum stellt, bin ich nicht so groß wie sie. Meine Körperform ist anders. Mein Gesicht ist anders. Meine Beinlänge ist anders. Mein Becken ist anders. Mein Brustkorb ist anders. Meine Hände sind anders. Mein Po setzt auf einer anderen Höhe an und formt sich anders aus. Ich setze anders Fett an. Meine Brüste sind signifikant anders als die von Heidi Klum. Halten wir also fest: In Hollywood wird man mich wahrscheinlich nicht als ihre Schwester casten. Wie zum Teufel komme ich dann also auf die Idee, mir Heidi Klum als Vorbild zu suchen?

Mein erster Schritt zum besseren Körpergefühl und mehr Selbstliebe war ein einfacher: Ich hab mir andere Beauty-Vorbilder gesucht. Fitness-Models. Frauen mit meiner Körpergröße. Mit einer ähnlichen Gesichtsform. Mit einem „Booootyyyyy".

Wisst ihr was? Eine Menge Frauen arbeiten ziemlich hart, um so einen megageilen Hintern zu kriegen, wie ihr ihn vielleicht habt, Mädels. Und jetzt müsst ihr nur Frauen finden, die euch von den Grundansätzen her gleichen.

Realistische Vorbilder zeigen euch, was möglich ist, sie lassen euch nachts ruhiger schlafen, und ihr merkt endlich, wie WUNDERVOLL ihr seid in eurer EINZIGARTIGKEIT. Also, hört auf Äpfel mit Birnen zu vergleichen!

2. Party like a Minor

Das Wort „Minor" bezeichnet im Amerikanischen einen Minderjährigen. In den USA ist man minderjährig, bis man 21 Jahre alt wird, erst dann darf man Alkohol trinken.

Wie ihr vielleicht noch nicht wusstet, sorgt Alkohol ganz schön für Fettpölsterchen. Oder ihr wusstet es, aber habt es, so wie ich, lange Zeit verdrängt. Ladies, in diesem Fall ist #yolo = #Fettpolster, und Fettpolstern wollten wir ja an den Kragen gehen, damit wir noch sexyer werden und das enge Minikleid ohne Reue tragen können, oder?

Also, dieser Tipp stammt von meiner Freundin Judy aus Berlin, und noch nie war ich von einem Fitness-Tipp so überzeugt. GEHT FEIERN. Ja, das ist der Tipp. Geht Tanzen am Wochenende und verzichtet auf Alkohol, trinkt nur Wasser, sucht euch eine Bar oder einen Club, in dem die Musik gespielt wird, zu der ihr richtig abgeht, und dann: SHAKE THAT ASS. MAKE THAT BOOTY SHAKE!

Ich empfehle Clubs zu wählen, die keine so harte Tür haben, das heißt, wo ihr auch mit Ballerinas reinkommt. Ansonsten nehmt eine größere Tasche mit, in der ihr die weichen Ballerinas zusammengerollt verstauen könnt. Die Tasche gebt ihr an der Garderobe ab und vorher wechselt ihr die Schuhe.

Denn wer will schon drei Stunden auf High Heels leiden? Ihr wollt doch abtanzen. Wenn ihr zu schüchtern seid, um alleine in den Club zu gehen, überredet eure Freundinnen. Und auf die Frage hin, warum ihr keinen Alkohol trinkt, erzählt ihr einfach, ihr macht eine DETOX-Diät.

3. GIVE IT TIME

Schenkt eurem Körper Aufmerksamkeit und Zeit. Es gibt so viel Gutes, das man seinem Köper von außen schenken kann: Bodylotions, Waxing, Massagen, Öle, Gesichtsmasken, Peelings, Haarkuren, Nagelpflege. Badewannenbesuche zum Beispiel sind mein absolutes Lieblingsritual.

Auch wenn ich hier keine Diät-Tipps gebe, kann ich euch trotzdem sagen, dass viele Stoffe einfach Beautybooster sind. Und es ist so einfach: Greift zu ein paar Nüssen, taucht eine rohe Möhre in Olivenöl und esst sie oder lasst Bananen über Nacht einfrieren und mixt sie morgens mit Mandelmilch zu einem leckeren Shake.

All diese Lebensmittel sind Beautybooster und gelten als Superfoods. Superfoods are my thing, aber ihr werdet mich trotzdem auch mal am Dönerstand mit einer Falafeltasche finden. Dafür aber so gut wie nie bei McDonald's. Und jetzt kommt mein Geheimtipp. Man kann es nicht oft genug hören, und es hat eine ganze Weile gedauert, bis ich das umgesetzt habe: WASSER. WASSER. WASSER. Ich sage es noch mal: WASSER.

Eure Haut braucht Wasser. Eure inneren Organe. Euer Gehirn. Sonst werdet ihr zu kleinen Dörrpflaumen, Ladies. Steckt noch eine Scheibe Limette oder ein Stück Gurke in die Wasserflasche und trinkt euch schön!

Date-ready: Kleiderschrank

Es ist Zeit, deinen Kleiderschrank date-ready zu machen. Und mit date-ready meine ich eigentlich happy-life-ready.

In dem Moment, als Julia ihr Spiegelbild entdeckte, fühlte sie sich plötzlich nicht mehr wertvoll und begehrenswert. Das brachte sie so aus der Fassung, dass sie keinen klaren Gedanken fassen konnte, als der junge Mann sie ansprach.

Solche Situationen wollen wir nicht nur vermeiden, sondern am liebsten komplett aus unserem Leben verbannen.

Es kam der Tag, an dem ich mir selbst diese unangenehme Frage stellen musste: Warum besitze ich überhaupt Kleidungsstücke, in denen ich suboptimal bis miserabel aussehe? Wer zwingt mich dazu, etwas anzuziehen, in dem ich nicht zu 100 Prozent mein Potenzial auslebe?

Wahrscheinlich wird jetzt ein innerer Widerstand kurz in dir aufflammen. Schließlich ist es doch egal, was man trägt, nur die inneren Werte zählen, und egal was man trägt, man ist immer schön. Schließlich sind es doch nur die verfluchten Medien, die uns mit unrealistischen Bildern von Attraktivität unser Selbstbewusstsein rauben.

Ich gebe dir völlig recht. Ich schlage dir nicht vor, immer in High Heels das Haus zu verlassen. Nein, es geht darum, dass du dich in deiner Kleidung selbstbewusst und schön fühlst. Dass du auf dich selbst achtgibst und dein volles Potenzial lebst.

Hast du das Gefühl, in einem Kartoffelsack dein volles Potenzial zu leben, und würdest du dich darin sexy, liebenswert und einzigartig fühlen, wenn Brad Pitt dich zufällig im Supermarkt trifft? Ja? Großartig, dann hülle dich ab jetzt nur noch in Kartoffelsäcke.

Aber wenn nicht, dann gilt es, die Kartoffelsäcke aus deinem Kleiderschrank zu entfernen.

Es muss nichts Unbequemes sein. Es gibt kuschelige Outfits, in denen du so heiß aussehen wirst, dass selbst dein Postbote Schnappatmung bekommt. Diese komfortablen Outfits schmiegen sich wie eine zweite Haut an dich und betonen deine Vorzüge auf perfekte Art und Weise.

Ja, zu Beginn erfordert es ein gewisses Investment in Form von Zeit und auch in Form von Geld. Aber es wird dein Leben so unendlich erleichtern, wenn deine Garderobe ausschließlich aus Outfits besteht, die du liebst.

Ich bin auch keine Freundin von Purismus. Ich möchte einfach mehr als vier Outfits in meinem Schrank hängen haben. Trotzdem kann ich morgens einfach in meinen Schrank greifen und fühle mich in allem wohl.

Frage dich ehrlich bei jedem deiner Kleidungsstücke: Sehe ich optimal aus in diesem Outfit? Betont es meine Vorzüge? Fühle ich mich wie eine attraktive, wertvolle, intelligente, strahlend schöne Frau? Unterstreicht es das, was ich an mir liebe?

Wenn es diese Anforderungen erfüllt, dann darf es auf dem Bügel hängen bleiben.

Lektion drei:

Der erfolgssichere Dating-Plan

„Ich habe mich in dich verliebt, Hazel Grace. Und ich weiß, dass die Liebe nur ein Schrei im Nichts und das Vergessen unvermeidlich ist, doch ich hab mich in dich verliebt."

(John Greene: Das Schicksal ist ein mieser Verräter)

Dieses Kapitel beinhaltet:

- Wie du das perfekte Outfit für dein Date findest
- Wie du die Zeit vor deinem Date so gestaltest, dass du entspannt dort ankommst
- Die geheimen Tricks unwiderstehlicher Frauen
- Eine Checkliste für das perfekte Date

Julia blätterte hastig die Seite ihres Buches um. Ihre Pupillen flogen rasch über die schwarz gedruckten Buchstaben. Immer wieder huschte ein kleines Lächeln über ihre Lippen, gefolgt von einem halb begeisterten, halb fassungslosen Kopfschütteln. Ihr Ingwertee war inzwischen kalt geworden, ohne dass sie es bemerkt hatte. In ihrem Schoß lagen Kekskrümel, und sie hatte sich bestimmt seit einer gefühlten Stunde nicht vom Fleck bewegt. Eine Strähne ihres frisch gewaschenen Haares fiel ihr in die Stirn, sie nahm den leichten Mandelgeruch ihres neuen Shampoos kaum wahr und blies die Locke dann zur Seite, ohne die Augen von dem Buch zu lassen, das sie auf den kleinen Tisch des Cafés gelegt hatte.

„Darf's noch was sein?" Julia quiekte laut auf, als die kleine, kokette Kellnerin sie harsch aus ihren Gedanken riss. „Ja, ja ... ehm, habt ihr Männer?", fragte sie noch ein wenig verwirrt. Die Kellnerin legte den Kopf schief und grinste. „Ja, das frag ich mich auch immer, aber wir haben nur Getränke und Kuchen auf der Karte. Aber mein Chef ist ziemlich heiß. Leider verheiratet", blubberte sie los.

Erst da fiel Julia auf, was sie gerade eigentlich gesagt hatte. Sie schlug sich die Hand vor den Mund und prustete kurz und leise. „Ich wollte eigentlich nur 'nen Saft", schob sie erklärend hinterher. „Ist klar ...", die Kellnerin nickte wissend. „Was liest du da? Ist das so gut? Du sitzt da bestimmt schon 'ne Stunde", schob sie neugierig hinterher. Julias Mund klappte auf, sie biss sich auf die Oberlippe und überlegte kurz, wie sie diese Frage beantworten sollte. Für einen Moment musterte sie die Kellnerin, die kaum älter als sie selbst zu sein schien. Irgendwie war sie ihr sympathisch. Julia antwortete: „Das heißt ... ‚Mr. Right auf Bestellung' ... das ist ein ... Ratgeber ... für Frauen." Die grünen Augen von Julias Gesprächspartnerin weiteten sich, sie konnte ihre Neugier kaum verbergen.

„Echt? Darf ich mal sehen? Das ... das wär vielleicht was für meine Freundin ... ich geb's dir gleich wieder“, schob sie hinterher, und bevor Julia verneinen konnte, hatte das Mädchen ihr bereits das Buch unter den Fingern weggezogen und verschwand damit in Richtung Küche. Julia blieb nichts anderes übrig, als verdattert die Finger um ihre kalte Teetasse zu schließen und daran zu nippen.

Christian kam gerne in dieses Café, um an seinen Designs zu arbeiten. Zu Hause fiel ihm die Decke auf den Kopf, wenn er den ganzen Tag nur auf seinen Laptop starrte und digitale Farben, Worte und Formen hin- und herschob. Hier lenkte ihn das bunt gemischte Publikum gerade so viel ab, dass es ihn inspirierte, aber nicht störte. Hoch konzentriert formulierte er gerade eine verzwickte Mail an einen Kunden, als ein lautes Geräusch ihn erschrocken zusammenzucken ließ. Er stieß mit der Hand gegen seinen Teller mit Erdbeerkuchen, griff reflexartig danach, als dieser über die Tischkante zu fallen drohte, und rammte seinen Ellenbogen in den Arm des Mädchens, das am Nebentisch aus einer großen Tasse trank. Sie gab einen erschreckten Laut von sich, starrte ihn verwundert an und brach dann in Lachen aus. Er balancierte immer noch mit seltsam verschränkten Armen den Teller vor seiner Brust und musste ziemlich komisch aussehen. „Entschuldige, hab ich dir wehgetan?“

Sie winkte ab. „Nein, nein, alles gut, Ich hab mich auch erschreckt. War das ein Motorrad?“ Christian wusste kurz nicht, wovon sie sprach, schaute auf seine Hände und erinnerte sich dann wieder daran, was seine Balancier-Aktion ausgelöst hatte: ein lautes Geräusch. „Das Geräusch? Keine Ahnung, auf jeden Fall hab ich überhaupt nicht damit gerechnet. Sorry noch mal.“ Er war irritiert. Eben hatte er sie aus heiterem Himmel mit seinem Ellenbogen attackiert, aber das Mädchen schien es überhaupt nicht zu stören. Interessiert beobachtete er sie. Über einer eng anliegenden Stoffbluse trug sie einen hellblauen Blazer und einen kleinen runden Schal. Zwischen ihren kinnlangen, braunen Locken blitzten Perlenohrringe auf und ihre blauen Augen waren dezent geschminkt. Aber was ihm zuerst an ihr auffiel, war ihr umwerfendes Lächeln. Sie strahlte ihn an, obwohl die beiden sich noch nie begegnet waren. Er erzählte ihr, dass er gerade an einer wichtigen Mail gesessen hatte und deswegen so vertieft gewesen sein musste. Sie kommentierte seine Geschichte mit interessiertem Blick und einem wohlwollenden Lächeln. Langsam entspannte auch er sich.

Julia versuchte, sich an alles zu erinnern, was sie in ihrem neuen Buch gelesen hatte, während der junge Mann am Nebentisch sich bestimmt zum dritten Mal dafür entschuldigte, dass er sich beim aufheulenden Motorengeräusch erschreckt hatte. Erst fühlte es sich noch sehr ungewohnt an, einen Fremden so offen anzulächeln, aber nach ein paar Minuten zogen sich ihre Mundwinkel automatisch nach oben, wenn sie ihm zuhörte.

Unter seinem Hemd zeichneten sich Muskeln ab, für die er sicher ein paar Tage im Fitnessstudio gearbeitet hatte – ausgeprägt, aber nicht übertrieben. Er hatte ein markantes Kinn, einen getrimmten Drei-Tage-Bart und trug seine gepflegten Haare im Zopf. Sie schätzte ihn auf vier bis sechs Jahre älter als sie selbst ein. Auf den ersten Blick wäre er Julia sicher nicht aufgefallen, aber seine Stimme gefiel ihr und die Art, wie er mit seinen Händen gestikulierte, wenn er sprach.

Gerade hatte sie diesen Gedanken zu Ende gedacht, da wandte er sich plötzlich von Julia ab und wünschte ihr noch einen schönen Tag. Mit geschäftiger Miene blickte er jetzt wieder auf seinen Laptop. Julia atmete durch und wusste nicht, was sie mit ihren Händen oder ihrem Blick anfangen sollte. Sie verstand gar nicht, wie ihr Gespräch mit diesem interessanten Mann so schnell hatte wieder vorbei sein können.

Die Kellnerin kam mit einem Glas O-Saft an ihren Tisch und schob ihr das Buch wieder zu. Die beiden tauschten ein verschwörerisches Zwinkern aus und Julia wusste plötzlich wieder, was zu tun war. Sie setzte sich ein wenig aufrechter und wagte einen Blick auf den Bildschirm des Laptops. Ein Löwenkopf auf einem goldenen Schild, das sah nach einem Design-Programm aus. Steffi hatte schon mal mit sowas gearbeitet. Nach einem kurzen Durchatmen fasste Julia sich ein Herz und fragte in seine Richtung: „Wird das ein Logo?" Überrascht sah er auf. „Der Löwe? Ja, genau ..." Sie blickten sich jetzt direkt in die Augen. Komm schon, Julia, dachte sie sich, was hast du zu verlieren? „Hat das was mit Stärke zu tun, oder was soll der König der Tiere symbolisieren?" Mit der rechten Hand fuhr er sich durchs Haar. „Interessiert dich das echt?" Julia nickte.

Plötzlich fand sie ihn noch attraktiver, als sie erst gedacht hatte. Ein Mann mit langen Haaren? Er rückte ein Stück näher und drehte den PC in ihre Richtung. „Find ich stark, dass du fragst. Also, die Firma ist ein junges Start-up, das sich mit der Förderung von ..." Julia versuchte, nicht vor Aufregung einfach seine Worte auszublenden und aufmerksam zu bleiben. Schließlich wollte sie gleich noch eine Frage stellen. Und noch eine. Und dann wollte sie, dass er sie etwas fragte. Zum Beispiel: „Was ist deine Telefonnummer?" Ach ja, und wie sie hieß, dass sollte er sie vielleicht auch noch fragen. Julia kicherte leise auf, und ihm schien das zu gefallen.

Wie du das perfekte Outfit für dein erstes Date findest

Tatsächlich hat Christian die aufgeregte Julia an diesem Tag noch nach ihrem Namen und ihrer Telefonnummer gefragt. Und er hat sie gefragt, ob sie nicht Lust hätte, Freitagabend ihre Diskussion über Logo-Design, Löwen und Motorengeräusche bei einem Drink fortzusetzen. Julia hat kurz ihren Terminplan gecheckt und Christian dann erfreut zugesagt. Äußerlich schien sie freudig überrascht, innerlich tanzte sie Limbo.

Bist du auch von einem tollen Mann auf ein Date eingeladen worden und stehst jetzt verunsichert vor deinem Kleiderschrank mit „nichts anzuziehen" drin? Mal ehrlich, beim ersten Date weiß man noch gar nicht, ob der Mann überhaupt Beziehungspotenzial hat, aber trotzdem willst du doch perfekt aussehen und dich sexy-as-hell fühlen, oder?

Ich gebe es zu, früher hab ich, was Klamotten angeht, häufiger mal danebengelegen. Aus stylingtechnischer Sicht hätte ich es mit meinem extrovertierten Kleidungsstil sicher in einige Streetfashion-Blogs schaffen können, aber für ein erstes Date hätten sich bestimmt viele meiner Outfits nicht geeignet. Damit du nicht auch solche Fehlgriffe machst, hier ein paar Tipps von mir.

Erste Frage an dich: Was ist ein Date eigentlich?

Ich würde sagen: eine Art Vorstellungsgespräch. Und was wissen wir von Vorstellungsgesprächen? Der erste Eindruck zählt, und das geht total schnell. Da halten wir uns nicht an Details auf, sondern versuchen mit unserem Outfit ein Gesamtkonzept zu schaffen, das insgesamt rund ist und einen guten Eindruck macht.

Und warum ist das extrem wichtig? Weil die Möglichkeit besteht, dass du mit diesem Mann den REST DEINES LEBENS verbringst. Aber wir wollen ja jetzt auch nicht in den Panikmodus verfallen, deshalb mal schön langsam Schritt für Schritt.

Nächste Frage: Was wollen wir mit unserem Outfit erreichen?

Dass unser Gegenüber, also der potenzielle Mr. Right, so begeistert von uns ist, dass er alles für uns tut. Oder, na ja, realistisch gesehen mindestens, dass er überdurchschnittlich begeistert von uns ist. Ja, ich weiß, meine innere Feministin schlägt auch kurz Alarm und will auf keinen Fall etwas tun, nur WEIL der Mann uns dann toll finden könnte. Schließlich sind wir eigenständige Wesen, Powerfrauen, mindestens genauso gut ausgebildet und haben dieselben Rechte und sind immer noch unterbezahlt und ... JA, ABER WIR GEHEN DOCH AUF DIESES DATE MIT EINEM BESTIMMTEN ZIEL, ODER?

Wir möchten doch, dass dieser Mann erkennt, was alles an wundervollen einzigartigen Eigenschaften in uns steckt. Wir möchten gesehen werden für unseren Charakter, das, was uns besonders macht, unser inneres Strahlen.

Und jetzt kommt die harte Wahrheit: Wenn unser Äußeres sein Gehirn die ganze Zeit irritiert, dann kann er unser begeisternd tolles Inneres überhaupt nicht sehen. Der Mann steht auch unter Stress. Schließlich ist das ja ein Date. Also, beruhige deine innere Feministin mal für einen Moment, lass sie Kaffee trinken gehen und vertrau mir. Es ist okay, bei der Wahl des Outfits daran zu denken, was einen Mann bzw. DEN Mann begeistern könnte.

Und da sind wir auch schon bei der nächsten Frage: Was möchtest du ausstrahlen bei diesem Vorstellungsgespräch, was soll dir auf die Stirn geschrieben stehen? Ja, ich weiß, schwierige Frage. Und es wird auch kaum gelingen, die Komplexität deines Wesens in ein bestimmtes T-Shirt oder eine bestimmte Rocklänge oder

Form zu verpacken, das ist mir klar. Aber dennoch kannst du dich für eine Grundtendenz entscheiden, etwas finden, womit du dich wohlfühlen würdest, und einen Grundtenor in deinem Outfit durchblicken lassen.

Und jetzt kommen wir auch schon zur wichtigsten Frage: Wie möchtest du dich auf diesem Date fühlen?

Vielleicht hast du heute Lust, mal so richtig die Black-Widow-Männer-fressende-Seductress raushängen zu lassen. Warum nicht? Oder du willst auf Händen getragen werden und dich zurückhaltend und hochgeschlossen fühlen, ein bisschen in Sicherheit und noch unentschlossen.

Oder möchtest du dich vielleicht wie eine reiche Zarentochter fühlen, um deren Gunst er kämpfen muss? Willst du das locker lachende natural girl sein, dass er schnell zum Lachen bringen kann? Wie du dich anziehst, wird sich darauf auswirken, wie du dich fühlst. Wie du dich in einer sowieso schon angespannten Situation fühlst, wird sich auf den Ausgang des Dates auswirken. Also solltest du versuchen, dich möglichst gut und sicher mit dir selbst zu fühlen.

Jetzt kannst du diese drei Fragen auf dein Outfit und deinen Kleiderschrank anwenden: Was würde ich mir wünschen, dass er sich denkt, wenn er mich zum ersten Mal sieht? Was würde ich gerne ausstrahlen bei diesem ersten Date? Und womit würde ich mich sicher, selbstbewusst und schön fühlen? Wenn du hinter alle drei Fragen ein Häkchen machen kannst, dann wirst du sicher nicht nur seine Blicke auf dich ziehen und mit einem guten Gefühl in den Abend starten.

Don't Panic – Vorbereitungen für dein Date

Ich kenne dieses kribbelige Gefühl von Panik/Nervosität!

Du willst es dir vielleicht nicht eingestehen, aber du kannst dich nicht konzentrieren, dein Bauch grummelt, dir ist schon fast ein bisschen schlecht, du kannst keinen klaren Gedanken fassen und schwankst im Kopf immer zwischen deiner zukünftigen Traumhochzeit mit diesem Mann und der Horrorvorstellung davon, wie er dich gelangweilt und abgeturnt im Café sitzen lässt, um dann auf Facebook Fotos von einer viel attraktiveren, jüngeren, dünneren Frau zu posten.

Damit du nicht mit Schnappatmung und als dieses emotionale Wrack, das du momentan bist, bei deinem Date ankommst (oder vorher schon vor Angst stirbst), drücken wir jetzt den Notschalter und beruhigen uns gemeinsam. „GEHT NICHT!", schreit dein Kopf. „GEHT DOCH", sagt die Frau mit Doktortitel, und die hat das auch schon zigmal durchgemacht, also vertrau ihr (die bin ich, hihi).

Wie kriegen wir das jetzt hin mit dem Beruhigen? Paradoxerweise, indem wir den Tag vor dem Date so verbringen, als gäbe es kein Date. Nein, du sollst nicht zwanghaft versuchen, dich abzulenken. Das klappt sowieso nicht. Aber wir können uns ja mal gemeinsam anschauen, worin der Ursprung deiner Nervosität liegt: in der Unsicherheit. Und worüber sind wir uns nicht sicher? Über die Reaktion des Mannes, den wir auf besagtem Date treffen.

Wie wird er reagieren? Was wird er sagen? Wie wird er gucken? Wird er mich mögen? Wird er etwas sagen, das ich doof finde und das ihn als potenziellen Partner disqualifiziert? Wird er etwas Verletzendes sagen? Wird er sein wie mein Exfreund? Wird er mich hübsch finden? Wird er meine Wertvorstellungen teilen? Wird er ...?

Dein aktueller Fokus liegt auf einer Sache, von der du nicht weißt, was passieren wird. Das macht dein Gehirn wahnsinnig. Weil du der Sache gleichzeitig auch noch unglaublichen Wert beimisst. Dein Gehirn denkt jetzt in letzter Konsequenz, wenn da mit der unsicheren Konstante (dem Mann) etwas schiefläuft, dann stirbst du!!! Das wäre echt schlimm (nicht nur für dein Gehirn), deswegen schickt es dich in den Panikmodus. Panik ist ein Ausnahmezustand für deinen Körper und Geist.

Damit es dir also besser geht und du entspannter zu deinem Date gehen kannst, müssen wir erst mal den Fokus verlagern und dann relaxen. Der Fokus soll weg von dem Mann deiner Träume hin zu DIR.

Also, wie kannst du den Fokus am besten auf dich legen? Tue etwas Schönes für dich. Schmeiß das Belohnungszentrum in deinem Gehirn an, gib dir Glücksgefühle, indem du dich mal richtig um deinen Körper und deine Seele kümmerst:

› Hol dir in der Drogerie ein Schaumbad.

› Probiere Parfums aus und such dir ein besonders schönes für den Abend aus, leg es auf.

› Leg dich in dein Schaumbad und hör Musik, die dich auf positive Gedanken bringt.

› Lackiere dir die Fingernägel und die Fußnägel.

› Kauf dir einen neuen Spitzentanga (oder eine Panty), den du später unter deinem Outfit tragen kannst.

› Geh ins Nagelstudio und mach den Massagesessel an.

› Wasch dir die Haare und probiere verschiedene Haarkuren aus.

› Kauf dir neue Ohrringe.

So, damit du jetzt nicht in Versuchung kommst, die ganze Zeit in der Badewanne mit nervösen Gedanken an Mr. Right zu verschwenden und deine Panikwelle wieder aufzubauen, gebe ich dir jetzt noch einen guten Tipp:

Rufe mindestens drei Freundinnen an und erkundige dich ZUERST, wie es ihnen geht. Dann frag sie am besten noch, was sie an DIR toll finden. Ja, frag sie einfach.

Unter Freunden kann man sich auch mal bestätigen und bauchpinseln lassen. Das ist der Seelenbalsam, den du heute brauchst. Je stärker du dich daran erinnerst, wie wundervoll und einzigartig du bist, desto selbstbewusster kannst du später in dein Date gehen.

Die geheimen Tricks unwiderstehlicher Frauen

Nachdem du jetzt also weißt, was du in diesem Date erreichen willst und wie du dich fühlen möchtest, und wir auch deine Panik überwunden haben, kommen hier noch ein paar Geheimtricks, die ich von meiner Freundin Ashley lernte, bereits selbst erfolgreich eingesetzt habe und immer meinen besten Freundinnen empfehle.

Ashley ist blond, kokett, schlank und könnte auch vom Cover der Sports Illustrated direkt in mein Leben gesprungen sein. Wir lernten uns auf der Schauspielschule in L.A. kennen und sind seitdem unzertrennlich.

Ashley sah einfach immer perfekt aus, wenn ich sie traf. Umso mehr überraschte es mich, als sie mir offenbarte, dass sie früher einmal ein absoluter Nerd gewesen war, unbeliebt und von Selbstzweifeln geplagt.

Wie konnte es sein, dass die wunderschöne Ashley, die ich um ihre Frisur, ihr Make-up und ihren Kleidungsstil beneidete, früher einmal ein hässliches Entlein gewesen war?

Eines Tages nahm mich Ashley mit ins Einkaufszentrum: ihr Paradies! Und sie verriet mir ihre drei Geheimnisse, die ich jetzt auch an dich weitergebe:

1. Make-up – I woke up like this

Geh in eine große Drogerie oder ein Kaufhaus mit Make-up-Abteilung. Bekannte Marken wie MAC oder Bobby Brown haben dort auch immer professionelle Make-up-Artists, die dich kostenlos schminken. Frage vorher nach, wie das Prozedere funktioniert. Manchmal wollen die Stores, dass du im Tausch für ein Make-up einen Lippenstift kaufst. Wenn dies nicht explizit der Fall ist, kannst du immer noch am Ende des Make-overs deine Kaufentscheidung vertagen und dir dann später überlegen, ob du das Produkt vielleicht wirklich kaufen möchtest. Ashley entschied sich meistens gegen das Produkt, aber ich habe auf diese Weise schon viele meiner Lieblings-Make-up-Evergreens gefunden.

Erkläre deiner Make-up-Artistin, dass du heute Abend ein Date hast, und wünsch dir von ihr einen natürlichen, aber makellosen Look. Am besten siehst du aus, wenn es so wirkt, als hätte es dir keine Mühe bereitet, so perfekt auszusehen.

Pass deine Make-up-Wünsche auch der Location an, in der ihr euch trefft, und der Tageszeit, die ihr für euer Date gewählt habt. Erzähle dies am besten zunächst deiner Make-up-Artistin, bevor sie loslegt. Wenn ihr euch in einer schummerigen Bar auf einen Drink trefft, dann darf sie ruhig etwas dicker auftragen. Wollt ihr aber brunchen gehen, solltest du nicht aussehen, als wärest du unterwegs zu den Golden Globes.

Noch ein kleiner Hinweis: Schau dir vorher die Verkäuferinnen an. Welche hat deiner Meinung nach ein besonders schönes Make-up? Frag genau diese nach ihrem Rat, so bekommst du ein Ergebnis, dass DIR auf jeden Fall gefällt.

2. Frisur – I whip my hair back and forth

Eine Frisur kann so viel ausmachen. Sie wirkt sich auf deine Ausstrahlung aus, sie gibt deinem Gesicht eine andere Kontur, sie kann dich spontan und sexy oder hochgeknöpft, carefree oder frech wirken lassen. Was also anfangen mit den Haaren?

Zunächst einmal: Auch wenn dein Tag stressig war und du eigentlich noch eine Deadline fürs Büro erfüllen wolltest, dies ist der Tag, an dem du deinen potenziellen Lebenspartner treffen könntest, und deswegen ist dies auch der Tag, an dem du deine Haare waschen solltest.

Wenn du ein absoluter Hair-Neuling bist und nicht viel Geld in einen Friseurbesuch vor dem Date investieren willst, dann solltest du zuerst einmal eine der größten Suchmaschinen des Internets benutzen: YOUTUBE. Es gibt dort unendlich viele Haar-Tutorials.

Finde eine Youtuberin, die dir im Aussehen ähnelt (Gesichtsform, Haarlänge, Haarfarbe) und lerne von ihr. Egal ob sie 20 Jahre jünger ist als du, egal ob sie in diesem Video Eva Longoria kopiert oder ob sie sich für ein Highschool Date aufmotzt. Traue auch hier dem Experten.

Wenn du nicht weißt, in welche Richtung dein Look gehen soll, dann lies noch einmal das vorherige Kapitel zum Thema Outfit durch, denn es geht vor allem darum, dass du so aussiehst, wie du dich fühlen möchtest.

3. Duft – smells like roses

Noch heute zucke ich kurz zusammen, wenn jemand an mir vorbeiläuft und Fahrenheit von Dior trägt. Dieses Parfum trug einer meiner Exfreunde, an den ich mich ungern zurückerinnere. Diesen Effekt kannst du aber genauso gut ins Positive umwandeln.

Mein Bruder weiß heute noch, dass seine erste Freundin Allure von Chanel trug. Wäre es nicht eine tolle Idee, wenn sich dein Zukünftiger später immer an euer erstes Date erinnern wird, wenn du dein Lieblingsparfum aufträgst? Vielleicht hast du ja schon DEN Duft gefunden, der deine Persönlichkeit am besten widerspiegelt, aber ich finde ehrlich gesagt, ein neues Kapitel im Leben fordert auch einen neuen Duft.

Und hier beginnt gerade das Kapitel deines Lebens, in dem dich reihenweise interessante Männer zu aufregenden Dates einladen, also warum nicht ein bisschen was Neues ausprobieren?

Auch in diesem Fall gilt: Lass dich unbedingt beraten. Aber Vorsicht, mir dreht sich der Kopf, wenn ich mehr als drei Parfums ausprobiere, und am Tag deines Dates solltest du nicht an 16 verschiedenen Körperstellen 16 verschiedene Parfums ausprobieren.

Lass dir die Parfums ausschließlich auf Teststreifen vorführen, wenn du schon mal im Einkaufszentrum bist. Auch hier beziehe die Verkäuferin deines Vertrauens in deinen Plan mit ein. Der Duft sollte ihn nicht erschlagen oder einnebeln, sondern nur deine verführerische Note unterstreichen.

Ashley sprüht sich ihr Lieblingsparfum immer von hinten in die Haare, und ich habe auch damit angefangen. Wenn ihr euch zur Begrüßung umarmt und er mit seinem Hals deinen berührt, färbt der Duft nicht penetrant auf ihn ab, aber er bekommt einen Hauch davon mit, und das macht Lust auf mehr.

Die Date-Checkliste

Jetzt bist du also date-ready. Erfüllt von positiven Gefühlen und einer gesunden Portion Aufregung, gestylt und geschminkt. Es kann losgehen, meine Liebe!

Um dich noch sicherer und selbstbewusster zu fühlen, empfehle ich dir folgende Dinge in deiner Handtasche bei dir zu tragen:

› Abdeckpuder, falls du schwitzt

› einen kleinen Puderpinsel

› Feuchttücher, damit kannst du verlaufenes Make-up korrigieren, dir die Hände abwischen oder dich einfach erfrischen

› ein Kaugummi oder Minzbonbon für den Notfall

› ein kleines Roll-on-Deo (kein Spray, die meisten Deo-Sprays haben einen penetranten Geruch, der nach Badezimmer und nicht nach romantischer Verführung duftet)

› einen kleinen Talisman, der dich daran erinnert, wie wundervoll du bist und was andere Menschen und du selbst an dir lieben

› genügend Geld, um dir ein Taxi nach Hause zu bezahlen, wenn die Situation brenzlig wird – einfach nur, um dich sicher genug zu fühlen, dass du jederzeit abbrechen kannst und von niemandem abhängig bist

All diese Dinge musst du natürlich nicht mit dir rumschleppen, und falls du geplant hast, nur mit einer Clutch, mit deinem Handy und einer Kreditkarte die Nacht zu rocken, dann brauchst du keine Panik zu bekommen.

Das ist einfach eine Beruhigungstablette für dein Gehirn. Ein Ruhepol, der dir sagt: Ich kann jede Situation meistern, dieses Date kann einfach nur gut gehen, ich werde die beste Version meiner selbst sein.

Lektion vier:

Das erste Date

„Jeder Einzelne von uns ist die Summe sämtlicher Momente, die er jemals erlebt hat, mit all den Menschen, die er kennt; und diese Momente sind es, die unsere Geschichte ausmachen. So was wie unsere persönlichen größten Hits unter unseren Erinnerungen, die wir im Geist immer wieder abspielen."

(Nicholas Sparks: Für immer Liebe)

Dieses Kapitel beinhaltet:

- Über welche Themen du bei einem ersten Date am besten sprechen solltest, damit du noch attraktiver auf ihn wirkst
- Wie du schon beim ersten Date herausfinden kannst, ob er der Richtige für dich ist, und fokussiert bleibst
- Was du tun musst, damit er sich auch nach dem Date weiterhin für dich interessiert
- Wie du Missverständnisse im Date vermeidest und noch mehr über dein Gegenüber herausfindest

Julia pustete locker eine Wolke aus Schaum zur Seite, legte ihr neues Lieblingsbuch neben sich auf ihr Badezimmerregal und stieg langsam aus der warmen Wanne. In ihrer Magengegend kribbelte es, aber unter diesem Kribbeln lag ein wohliges Gefühl von Sicherheit.

Sie hatte einen R&B-Track aufgelegt, war heute Vormittag mit den Uniunterlagen unterm Arm zur Pediküre gegangen und hatte im Schaumbad noch mal sorgfältig das Kapitel zum Thema „Date" durchgelesen. Ihr Handy piepte, sie wickelte sich in ein Badehandtuch und griff danach.

Es war eine Nachricht von Christian: „Freu mich auf später!" Julia kniff die Augen zusammen, biss sich auf ihren Fingerknöchel und hüpfte ein bisschen auf und ab, dann riss sie sich wieder zusammen – aber das gute Gefühl blieb.

Ihr Outfit für gleich hatte sie sich vorhin bereits zusammengelegt. Sie folgte den Anweisungen der amerikanischen Beauty-Bloggerin auf ihrem Laptop. An ein zu aufwendiges Make-up wollte sie sich heute Abend noch nicht rantrauen, aber den Tipp mit dem hellen Highlighter-Puder und dem kirschfarbenen Lipliner hatte sie übernommen.

Bedächtig legte sie einen kleinen Spritzer Chanel No. 5 auf, ließ das Badehandtuch fallen und schlüpfte in den dunkelbraunen, kurzen Rock und das hellbraune Fledermaus Sweatshirt mit dem Perlensaum. Sie besah sich selbst im Spiegel, als sie die feingestrickten Overknee-Socken über ihre Waden zog. Im Geschäft hatte sie dieses Outfit noch geliebt und sich in den bewundernden Blicken der anderen Kunden gesonnt. Jetzt war sie plötzlich gar nicht mehr sicher, ob es das Richtige für ein erstes Date war.

Was will ich erreichen, was will ich, dass er denkt, wenn er mich sieht, was will ich ...? Die Gedanken rasten durch ihren Kopf und grübelnd drehte sie sich vor dem Spiegel hin und her. Julia wollte, dass er nur Augen für sie haben würde, dass schon der erste Blick auf sie ein WOW in ihm auslöste, aber sie wollte nicht heute Abend in einem Hotelzimmer mit ihm landen. Sie grinste. Plötzlich wusste sie genau, was sie ändern musste. Das Fledermausshirt, was tief blicken ließ, landete im hohen Bogen auf dem Bett und sie zog einen enganliegenden Rollkragenpulli in einem ähnlichen Braunton wie die Socken aus dem Schrankfach. Mit ein paar goldenen Haarnadeln fixierte sie ihre Locken so, dass die Haarpracht sie nicht stören würden, aber doch zur Geltung kam.

Die Bar in die Christian sie eingeladen hatte, lag nur acht S-Bahn-Stationen von ihr entfernt. Als Julia die Hand auf den goldenen Türknauf legte, klopfte ihr Herz laut in ihrer Brust. Sobald die Türe aufschwang, übertonte die laute Jazz-Musik das Pochen ihres Herzschlags. Sie ließ den Blick schweifen, während ihre Pupillen sich langsam an die schummrige Beleuchtung gewöhnten. Es roch nach Lavendel, Zigarrenrauch und Limetten. Julia umklammerte ihre Handtasche. War sie wirklich in der richtigen Location?

Wie du ihn mit deiner Geschichte in deinen Bann ziehst

Du hast in deinem Leben Dinge erlebt, die dich zu der großartigen Frau machen, die du heute bist. Ja, du bist vielleicht auch durch harte Zeiten gegangen, hast schmerzhaft lernen müssen, bist zurückgeworfen worden, bist abgelehnt, verletzt oder zurückgewiesen worden.

Vielleicht bist du gescheitert, erkrankt und warst unglücklich. Und all diese Erfahrungen haben dich sicher geprägt. Aber all diesen Schmerz, das Leid und die Krankheiten, die heben wir uns schön für später auf. Die schmieren wir Mr. Right jetzt nicht beim ersten romantischen Treffen aufs Butterbrot.

Also, überlegen wir mal, was eigentlich der Zweck oder das Ziel eines ersten Dates ist?

1. Dass du herausfindest, ob du dein Gegenüber magst

2. Dass dein Gegenüber herausfindet, ob er dich genug mag, um dich auf ein weiteres Date einzuladen

Und hier kommt die unglaubliche Erleuchtung: Du darfst tatsächlich über ALLES reden in deinem ersten Date.

Du musst es vorher nur auf eine Frage prüfen: Wenn ich davon erzähle, ist es hilfreich, um mein Ziel zu erreichen? Erinnert dich der Wein, den ER ausgesucht hat, an die vielen Streite mit deinem Exfreund und in dir keimt plötzlich der Wunsch auf, IHM davon zu erzählen?

Halte kurz inne und denke darüber nach, was passieren wird, wenn du diese Geschichte erzählst.

Wird es dazu führen, dass du mehr über dein Gegenüber herausfindest? Oder wird er dich dadurch noch attraktiver finden? Wahrscheinlich nicht.

Eine mit Unbehagen erzählte Geschichte über eine missglückte Beziehung wird in dir, wie auch in deinem Date, negative Gefühle der Unsicherheit, des Mitleids oder vielleicht sogar der Hilflosigkeit auslösen. Was aber tun, wenn deine Reaktion auf die Weinflasche viel zu stark und präsent ist, um sie einfach so runterzuschlucken? Hier kommt die Lösung:

Dich hat etwas bewegt, mitgenommen, an eine negative Story in deinem Leben erinnert? Sprich es kurz an, aber mach keine große Sache daraus. Lass die negative Erinnerung weiterfliegen. Belaste euer neues Date nicht bereits mit alten Ängsten, Verletzungen oder Enttäuschungen.

JA, deine Vergangenheit ist ein Teil von dir, aber sie hat für den Ausgang dieses Dates keine wirkliche Relevanz. Hab keine Angst davor, deine Erinnerung zu äußern. Versuche dabei nicht verbittert oder verhärmt rüberzukommen. Nimm es einfach neutral wahr, äußere es kurz, wenn du nicht anders kannst, und wende dich dann wieder dem Hier und Jetzt zu.

Hier und jetzt sitzt dir ein interessanter Mann gegenüber, der vielleicht dein Begleiter in der Zukunft sein wird. Lass die Vergangenheit in diesem Moment ruhen, nimm deine Erinnerung wahr und wende dich dann wieder deiner Gegenwart zu.

Jetzt bist du völlig verwirrt, wovon du sprechen sollst und was an deinem Leben sich für ein erstes Date eignet? Keine Sorge, darauf gehen wir gleich noch ein. Aber jetzt erst mal der zweite Tipp:

Stay focused

Auf einer Studienexkursion begegnete ich Emma. Sofort war ich von ihr fasziniert. Wie sie mit Menschen spielte, wie sie immer bekam, was sie wollte, wie sie Männer um den Finger wickelte. Besonders diesen einen Mann. Auf den eigentlich ICH ein Auge geworfen hatte. Tom.

Emma wusste einfach, wie sie bei Tom die richtigen Knöpfe drückte, sie war fixiert auf jede seiner Regungen und reagierte gekonnt wie in einem Schachspiel. Sie plapperte ihm nach, sie schmiss sich ihm an den Hals, sie jonglierte mit seiner Aufmerksamkeit und seiner Eifersucht.

Obwohl wir immer zu dritt unterwegs waren, merkte ich schnell, dass ich keine Chance hatte, und zog mich zurück. Emma dagegen lief zu Hochtouren auf. Am vorletzten Tag der Exkursion landeten die beiden im Bett. Ich war ein bisschen geknickt, aß eine große Menge an Schokolade und fuhr nach Hause.

Eine Woche später addete mich Emma auf Facebook. Mürrisch nahm ich ihre Anfrage an, nur um eine lange Mail von ihr zu finden, in der sie mir Folgendes erklärte: Tom hatte tatsächlich nach der Exkursion die Beziehung zu halten versucht, aber Emma war wie aus einem bösen Traum erwacht. Vermeintlich am Ziel angekommen, stellte sie sich zum ersten Mal die Frage, ob sie eigentlich wirklich mit Tom zusammen sein wollte.

Er träumte von einem gemeinsamen Leben in einem kleinen Ort, sie wollte eine Weltreise machen. Er war stark religiös, sie hatte da ein ganz anderes Verständnis. Er guckte gerne Fußball, sie liebte Tanzen. Emma war sich plötzlich ziemlich sicher, dass sie gar nicht mehr in Tom verliebt war. Und jetzt wandte sie sich hilfesuchend an mich.

Manchmal fixieren wir uns so sehr auf das Gewinnen, auf den Erfolg, darauf, eine Challenge zu schaffen, dass wir ganz vergessen, worum wir eigentlich kämpfen. Emma erzählte mir in ihrem Brief auch, dass sie Spaß an dem Gedanken gehabt hatte, jemanden um den Finger wickeln zu können, endlich das zu bekommen, was sie wollte. Aber jetzt hatte sie nicht nur Schuldgefühle Tom gegenüber, sondern auch das Gefühl, sich selbst übergangen zu haben.

Es ist so verlockend, seine eigene Wirkung zu spüren. Zu wissen, dass man begehrenswert ist. Aber viel wichtiger, als den anderen dazu zu „bringen", dich zu mögen, ist doch, dass DU den anderen magst. Bevor du dich also darauf versteifst, dein Date bei eurem ersten gemeinsamen Abend zu verführen oder in dich verliebt zu machen, achte zuerst einmal auf dich. Sei ehrlich zu dir.

Stell dir einen Wecker in deinem Handy auf eine halbe Stunde nach dem Beginn eures Dates. Verschwinde für kleine Prinzessinnen und zieh dir nicht nur den Lidstrich nach, sondern hab diese Liste im Handy, damit sie dich daran erinnert, den Fokus auf dich selbst zu legen:

1. Wie fühle ich mich gerade?

2. Wie fühlt sich seine Nähe an?

3. Wie riecht er?

4. Hab ich ein gutes Gefühl oder liegt mir etwas schwer im Magen?

5. Gibt es eine brennende Frage, die mir auf dem Herzen liegt?

6. Was ist besonders schön gerade?

7. Gibt es etwas, das mich aufwühlt oder nervös macht?

Wenn das dein erstes Date mit diesem neuen Fokus auf dir selbst ist, dann scheu dich nicht davor, die Liste bei dir zu tragen. Sie soll dich einfach daran erinnern, bei dir selbst zu bleiben. Ganz präsent. Ganz im Jetzt.

Du willst doch dein Date genießen, oder? Dann nimm es auch wahr. Nimm wahr, wie du dich fühlst. Wie seine Hand auf deiner prickelt, wie dir heiß wird, wenn er tief in deine Augen schaut, wie dein Herzschlag schneller wird, wenn er dir ein Kompliment macht. Aber nimm auch wahr, wenn dich etwas irritiert, was er sagt. Wenn dir etwas Angst macht, was er beiläufig äußert, und wenn er etwas tut, was dich verstört.

Endlich ein Date. Auf genau diesen Moment hast du doch gewartet!! Wir Frauen tendieren dazu, nicht auf unser Bauchgefühl zu hören, wenn wir das Gefühl haben, uns selbst verschuldet in eine Situation gebracht zu haben, oder uns dafür verurteilen, dass wir zu kritisch sind.

Ein Date ist kein Vertrag oder Versprechen. Ein Date ist der Moment, in dem du für dich abtastest, wie du dich in der Gegenwart des Mannes fühlst. Hör auf dein Bauchgefühl, hör auf deine innere Stimme, befiel ihr nicht zu verstummen, nur weil das Restaurant so teuer ist, du extra noch mal zum Friseur gegangen bist oder deine Freundinnen dich um diesen tollen Mann beneiden.

Hier sind ein paar Warnzeichen, auf die du ruhig achten darfst:

› Behandelt er die Kellnerin schlecht?

› Ruft ständig ein Mädchenname auf seinem Handy an?

› Erkennt ihn der Barkeeper und rollt mit den Augen?

› Ist er vorlaut?

› Überschreitet er körperliche Grenzen?

› Hast du das Gefühl, du musst dich für ihn qualifizieren?

› Behandelt er dich herablassend, so als wärest du ein kleines Kind?

› Macht er abfällige Kommentare über dich oder dein Aussehen?

› Hast du das Gefühl, er behandelt eine andere Frau mit Absicht besser als dich oder lässt dich links liegen?

Die Formel für Attraction

Das Date läuft super. Er ist charmant, sein Humor bringt dich zum Lachen und du würdest am liebsten in seinen Mandelaugen versinken? An dieser Stelle ist oft irgendetwas in unserem Gehirn so verkuppelt, dass wir denken: „LÄUFT GRAD GUT. JETZT BLOSS NICHTS ANMERKEN LASSEN."

Wir haben es so oft gehört. Sei mysteriös. Mach dich rar. Sei geheimnisvoll. Renn ihm nicht nach. Gib nicht sofort nach. Spiel mit ihm. Er muss um dich kämpfen. Ich wäre viel eher mit meinem jetzigen Mann zusammengekommen, wenn wir nicht beide davon überzeugt gewesen wären, dass man der anderen Seite am besten NICHT zeigt, dass man sie mag.

Nein, ich sage nicht, du sollst auf seinen Schoß springen und von eurer zukünftigen Hochzeit sprechen. Aber versetz dich doch mal in die Lage des Mannes.

Zahlreiche Männer wenden sich hilfesuchend an Online-Foren, weil sie sogenannte „Ansprechangst" haben. Es fällt ihnen schwer, uns Frauen zu einem Date einzuladen. Das ist ein enormes Risiko. Zumindest für ihr Ego. Jetzt haben sie schon einen Schritt gemacht und uns auf einen Kaffee oder einen Drink eingeladen und trauen sich langsam Stückchen für Stückchen vor.

Wenn du dich jetzt für besonders clever hältst, weil du ihm die kalte Schulter zeigst, dann kommt hier kurz der Reality-Check: Der Mann sucht nach einem Zeichen, einem Indiz von dir, dass du ihn magst. Er sitzt da mit all seinen Unsicherheiten und Ängsten und braucht einen Hinweis, dass du ihn zumindest auch schon mal interessant findest. Coolness oder gespieltes Desinteresse wären jetzt hier fehl am Platz.

Du kannst ihm visuelle wie auch sprachliche Hinweise geben. Diese müssen nur klein sein, aber so eindeutig, dass dein Herzbube sie auch versteht. Hier ein paar kleine Tipps:

› Lächele.

› Sei aufmerksam und höre ihm zu, stell ihm Zwischenfragen, damit er bemerkt, dass du dich für seine Geschichte interessierst.

› Wenn er dich auf gedankliche Reisen entführt („Wir sollten mal" etc.), spiel mit – who cares, ob ihr wirklich mal eine Wüstentour durch Abu Dhabi macht?

› Sieh ihm in die Augen.

Und hier kommt wieder Punkt zwei ins Spiel. Nein, ich rate dir nicht, wie eine nickende, lächelnde Marionette vor ihm zu sitzen, über all seine Witze zu lachen und ihn an die Wand zu starren.

Ich sage: Gib dir den gedanklichen Raum, um WIRKLICH zu hören, was er sagt. Und wenn du es lustig findest, lach mit ihm. Schau dir WIRKLICH seine Augen an, und erlaube dir, darin zu versinken. Du vergibst dir dadurch nichts.

Wenn es dir allerdings einen kalten Schauer über den Rücken jagt, dann ist das wohl euer erstes und letztes Date. Erinnere dich daran, dass das ein potenzieller Partner für dich sein könnte, dass du gerne hergekommen bist und dass du gerade eine tolle Möglichkeit hast, einen aufregenden und liebenswerten Menschen kennenzulernen. Na, zaubert dir dieser Gedanke ein Lächeln ins Gesicht? Mir schon.

Männer verstehen nicht immer auf Anhieb, dass du sie magst. Und selbst wenn sie vielleicht auf Anhieb geglaubt haben, dass du sie magst, dann können sie es meistens selber immer noch nicht so richtig glauben, dass so eine Göttin wie du eventuell Gefühle für sie hat.

Lukas und ich lernten uns beim Tanzen kennen. Eigentlich waren wir nur befreundet, aber nach und nach bemerkte ich, dass ich Lukas immer mehr mochte. Wir schrieben SMS hin und her, wenn wir telefonierten, wurde ich ganz aufgeregt, und ich beschloss der Sache eine Chance zu geben.

In einem unserer Gespräche erzählte ich ihm von meiner Liebe zu Disneyland. Ich traute mich sogar noch ein wenig weiter raus und erwähnte, dass ich gerne mal in naher Zukunft nach Disneyland wollte.

SEHT IHR DEN HINWEIS? Na ja, er sah den Hinweis auch, erzählte direkt seinen Cousinen, seiner besten Freundin und seinem Bruder davon und fragte mich, ob wir nicht zu acht nach Disneyland wollten.

Das war zwar eine prompte Reaktion, aber ich hatte eigentlich auf ein romantisches Märchendate zu zweit gehofft.

Auch wenn wir Frauen manchmal glauben, eindeutige Signale der Zuneigung oder des Interesses auszusenden, so ist deinem Date das manchmal überhaupt nicht klar.

Berührungen

Nein, du solltest ihm natürlich nicht forsch in den Schritt greifen, und vielleicht ist es für dich auch noch eine Stufe zu intim, seine Hand zu streicheln, aber vielleicht bieten sich ganz natürlich Möglichkeiten, bei denen du ihn berühren möchtest?

Wenn dies der Fall ist, halte dich nicht zurück. Er hat etwas wirklich Süßes gesagt, drück ihn schnell. Er hat dich geneckt? Box ihm leicht gegen den Arm.

Commitment

Er macht einen Witz, der nicht ganz so lustig war, aber eigentlich findest du ihn umwerfend? Verzieh nicht abwertend das Gesicht oder roll mit den Augen.

Dir gegenüber sitzt ein netter Kerl, der nur versucht dich mit seiner Art in seinen Bann zu ziehen. Auf eurer Hochzeit kannst du später vielleicht erzählen, wie unglaublich unlustig er in eurem ersten Date war, aber jetzt solltest du ihn noch nicht bloßstellen.

Angebote

Du würdest gerne noch einen weiteren Abend mit ihm verbringen? Du möchtest mehr über ihn erfahren? Sag es ihm durch die Blume. Spinn Märchenschlösser und erzähle von Dingen, die du gerne erleben würdest – bau ihn in diese Geschichten mit ein. Sprich davon, wie ihr gemeinsam ein marokkanisches Gericht nachkochen könntet, wie ihr in der Karibik mit Delfinen schwimmt oder, ganz bodenständig, dass ihr unbedingt mal das neue vegane Café ausprobieren müsstet.
So machst du es ihm einfacher, dich auf ein weiteres Date einzuladen. Frag ihn jedoch nicht explizit: „Wollen wir nächste Woche zusammen essen gehen?“, sondern deute nur an und bekunde indirekt deinen Wunsch, Zeit mit ihm zu verbringen. Schließlich muss er sich auch noch ein wenig selbst anstrengen.

Liebe ist ...? Die Macht deiner Worte

Erste Dates können sich anfühlen wie ein Minenfeld. Man versucht, bloß kein Thema anzusprechen, das für Probleme sorgen könnte. Und zwar Probleme in der eigenen Wahrnehmung. Schließlich gehen wir mit bestimmten Erwartungen und Wünschen zu diesem Date, wir hoffen, dass die Vorstellung von Beziehung, Liebe, Sex und Zukunft, die wir selbst haben, mit der unseres Gegenübers übereinstimmt.

Wenn wir einen Partner für eine Langzeitbeziehung suchen, dann hoffen wir, dass der attraktive Mann, der uns zum Brunchen eingeladen hat, nicht Sex ohne Commitment vorzieht.

Wenn wir schon seit unserer Kindheit von drei Kindern und einem Haus am Meer träumen, dann beten wir innerlich, dass der charmante Typ, den wir so heiß finden, nicht ein New Yorker Loft und einen Jagdhund dem Kinderglück vorzieht.

Wenn für uns der Beginn einer neuen Partnerschaft automatisch bedeutet, dass wir mit dem Mann unserer Träume jeden Tag so viel Zeit wie möglich verbringen möchten, dann wünschen wir uns, einen Mann gefunden zu haben, dem nicht ein Telefonat pro Woche mit uns genügt.

Meine Freundin Jenny versuchte bei ihren ersten Dates immer durch geschickte Fragekunst herauszufinden, mit wem sie es da auf der anderen Seite zu tun hatte. Sie hatte zwar ein großes Talent dafür, aus ihrem Gegenüber Statements herauszulocken, aber ihre Angst, den potenziellen Partner zu vergraulen, war zu groß, als dass sie näher nachgefragt hätte, was er damit eigentlich wirklich meinte.

Assumption is the mother of all fuck-ups, sagt mein Lieblingskollege immer, und damit meint er, dass die Annahmen, die wir haben, meist schöne Hirngespinste sind, aber nichts mit der Realität zu tun haben. Und was ist überhaupt Realität? Tatsächlich geht es uns doch im Date darum herauszufinden, was die Realität des anderen ist. Wir wollen diese mit unserer abgleichen.

Und genau hier kommt ein kleiner Haken ins Spiel. Was für dich „Nähe" bedeutet, muss für ihn nicht dasselbe sein. Was für dich „Beziehung" ausmacht, kann für ihn etwas ganz anderes heißen.

Meist werden Angst und Abneigung nur dann in uns ausgelöst, wenn wir das Gefühl haben, enttäuscht zu werden. Um enttäuscht zu werden, müssen wir vorher mit einer bestimmten Annahme an die Sache herangegangen sein. Ich weiß, das klingt vielleicht jetzt ein wenig verwirrend, deshalb erzähle ich dir Jennys Geschichte mal ein wenig ausführlicher.

Jenny hatte Aaron im Büro kennengelernt. Eigentlich hatte er nur einen Termin mit ihrem Kollegen wahrgenommen, aber Jenny sah an diesem Tag einfach unwiderstehlich gut aus, die beiden hatten am Kopierer geflirtet, und weil Aaron kein Mann war, der lange zögerte, wenn ihm etwas gefiel, hatte er sie spontan eingeladen am Wochenende mit ihm Essen zu gehen.

Ein paar Tage später saß Jenny mit Aaron bei seinem Lieblingsitaliener und biss sich gerade errötend auf die Lippe. Aaron war charmant und witzig. Sie schlug sich lachend die Hand vor Augen und fühlte sich wie im siebten Himmel.

„Und, wünschst du dir für die Zukunft was Festes?", fragte Jenny ihn und legte den Kopf grinsend schief. Aaron schüttelte vehement den Kopf und lachte laut auf. „Oh Gott, nein, davon hab ich erst mal genug!"

BOOOOM! In diesem Moment hätte Jenny am liebsten die Gabel in ihre Spaghetti Vongole knallen lassen. Sie spürte ein flaues Gefühl im Magen und machte ein Geräusch, das eine Mischung aus Luft einsaugen und seufzen war. Jennys Definition von „etwas Festem": ein Mann, der nur mit einer Frau schläft. Und zwar mit Jenny. Ein Mann, der eine Partnerin sucht und nicht fremdgeht. Denn: Sie hatte keine Lust, schon wieder von einem Mann betrogen zu werden.

Aarons Definition von „etwas Festem": eine Partnerin, die ihn einengt. Eine Frau, die sofort heiraten will und ihm ein Ultimatum stellt. Eine Frau, die ihn überwacht und sich mit ihrer Eifersucht an ihn klammert. Denn: Er hatte keine Lust, wieder so eine kontrollsüchtige Frau zu finden wie seine Exfreundin. Er brauchte Luft zum Atmen.

Jenny und Aaron kamen nicht zusammen. Jenny hatte nicht einmal mehr nachfragen wollen, warum er so abgeneigt gegenüber etwas Festem war. Den Rest des Abends hatte sie mehr oder weniger leidend durchgestanden, denn dieser Mann war zwar genau das, wonach sie sich sehnte, aber sie durfte sich auf keinen Fall auf jemanden einlassen, der sie betrügen würde und nicht als einzige Frau für sein Leben wählte.

Das hatte ihr schon mal das Herz gebrochen. Sie rief mich nach dem missglückten Date missmutig an und war überzeugt, sich selbst vor einem heillosen Casanova gerettet zu haben.

Ein Dreivierteljahr später kam Aaron erneut in ihr Büro. Sie belauschte ein kurzes Gespräch zwischen ihm und ihrem Kollegen, in dem Aaron freudestrahlend von seiner neuen „festen Freundin" berichtete, die ihm so viel Freiraum gab, wie er es sich erhofft hatte. Er habe „the one" gefunden, erzählte er, und Jenny war am Boden zerstört.

Du kannst bereits in deinem ersten Date mit einem charmanten Mann herausfinden, wie er die Begriffe, die er benutzt, wirklich definiert. Folgende Fragen können dir dabei helfen:

- Was genau bedeutet für dich ...?
- Wie stellst du dir ... vor?
- Was hat dich zu dieser Einstellung gebracht, dass du ... nicht magst/magst?
- Echt? Wie definierst du denn ...?
- Kannst du mir eine Geschichte dazu erzählen?

Die drei Kapitel dieser Lektion sollen dir dabei helfen herauszufinden, wen du da vor dir hast, aber falls du immer noch unsicher bist, ob du jemanden finden kannst, der es ernst mit dir meint und der es wert ist, dass du dich den Schmetterlingen in deinem Bauch hingibst, dann lies noch ein wenig weiter:

Stellen wir uns vor, du hast ihn bereits nach seinen Zukunftsplänen gefragt, du hast die Definition seiner Begriffe hinterfragt und du hast ihm aufmerksam zugehört.

Aber dennoch bist du dir immer noch nicht sicher, ob er nach einer Partnerschaft sucht, einem gemeinsamen Leben und einer monogamen Beziehung, in der er seine einzige Freundin mit Aufmerksamkeit, Liebe und Zeit beschenkt, oder ob er eigentlich ein Womanizer ist, der sexuelle Abenteuer, Abwechslung, Zerstreuung oder Sex ohne Commitment sucht.

Dein erstes Date wird dir durch seine Worte viel Aufschluss darüber bringen, wen du vor dir hast, aber manchmal kannst du dennoch immer noch nicht ganz sicher sein, was er von dir möchte.

Überleg mal, das ist euer erster wirklicher Kontakt, das erste Aufeinandertreffen zweier eigenständiger Menschen mit unterschiedlichen und ganz individuellen Vorgeschichten.

Stell an das erste Date nicht die Anforderung, alles über ihn zu erfahren. Du solltest versuchen möglichst viele Zweifel zu beseitigen, damit zwischen euch eine Atmosphäre herrscht, in der du keine Ängste oder Sorgen zu haben brauchst. Aber suche nicht nach einer Garantie für die Liebe in so einem frühen Stadium eures Kennenlernens.

Lektion fünf:

Wie du ihn verrückt nach dir machst

„Wir haben getanzt und
wir haben Fahrscheine gekauft und
ein Eis gegessen und eine Blume geschossen,
wir haben in einem Bett geschlafen
und wir haben den Mond gesehn
und ich hab sein Herz gehört."

(Barfuss)

Dieses Kapitel beinhaltet:

› Die Gründe, warum er sich nach einem Date nicht bei dir meldet

› Was du tun musst, wenn du willst, dass er dich zu einem zweiten Date einlädt

› Die schlimmsten Fehler, die Frauen in der Dating-Phase machen, und wie du sie vermeidest

Julia starrte auf ihre Kaffeemaschine. Sie hatte bereits zum dritten Mal den Knopf gedrückt, der normalerweise veranlasste, dass das heiße Getränk in ihre gepunktete Tasse floss. Wieder passierte nichts. Sie drückte ein viertes Mal, dieses Mal schon aggressiver, nur um endlich festzustellen, dass der Stecker neben der Steckdose lag. Ihr entglitt ein genervter Laut, als der heiße Kaffee schließlich aus der Maschine blubberte, und sie dachte wieder an vorgestern Abend.

Es war so ein schöner Abend gewesen. Sie erinnerte sich an die Hitze auf ihren glühenden Wangen, den herb-süßen Drink, daran, wie Christians Hand ihren Arm wie zufällig streifte, und den Moment, als er sein Zopfband löste, weil sie seine Haare mal anfassen wollte. Zum Abschied hatte er sie kurz umarmt und ihren Oberarm festgehalten. Eine Sekunde lang dachte Julia, dass er jetzt gleich zu einem Abschiedskuss ansetzen würde, aber nichts geschah. Er drehte sich um, lief zu seiner Bahn, ohne sich noch einmal zu ihr umzudrehen, und sie stieg benommen in ihr Taxi. Zunächst benommen vor Glück, doch spätestens seit heute Morgen hatte sich dieses süß-klebrige Gefühl in Nervosität und Enttäuschung verwandelt. Müsste er sich nicht langsam mal melden? Hatte es ihm nicht gefallen? Fand er sie vielleicht nicht hübsch genug? Er war doch Single und sie hatten sich doch so gut verstanden. Julia tippte mechanisch auf den Touchscreen ihres Handys und trank einen Schluck Kaffee. Keine Nachricht von Christian. Nichts. „Es war wirklich ein wundervoller Abend mit dir“, hatte er zum Abschied gesagt, aber nicht nach einem weiteren Treffen gefragt. War das eine Floskel, um zu symbolisieren, dass er kein Interesse an einem zweiten Date hatte?

Gestern war sie tatsächlich wieder in das kleine Café gegangen. Irgendetwas hatte in ihr die vage Hoffnung ausgelöst, den Moment ihrer Begegnung rekreieren zu können. Heimlich hatte sie davon geträumt, ihn dort scheinbar zufällig zu treffen. Sie wollte Gewissheit, sie wollte eine Antwort, sie wollte nicht mehr wie verrückt darauf warten, dass er sich meldete. Vier Stunden verbrachte sie mit ihren Klausurunterlagen auf der unbequemen Holzbank und bestellte alles, was die Karte an Kuchen hergab. Sie hatte sich nicht getraut, der netten Kellnerin, deren Namen sie jetzt kannte, anzuvertrauen, worauf sie dort wartete.

Das Klingeln ihres Handys hallte schicksalhaft durch die Küche. Hastig stellte sie die Tasse ab, holte tief Luft und blickte auf das Display: „STEFFI“ stand da. Die Enttäuschung schmeckte bitter im Mund, als Julia abnahm. „Hallo Süße, wie geht's dir? Ich bin in zwei Minuten bei dir, tut mir leid wegen der Verspätung, aber meine kleine Schwester hat die Grippe ... stehst du schon unten oder soll ich klingeln?“ Perplex versuchte Julia sich zu erinnern, wovon Steffi sprach, da fiel es ihr siedend heiß ein. Sie waren schon seit einer Woche verabredet. Steffi hatte bei der Uni-Tombola Tickets für eine Varieté-Show gewonnen, und Julia und sie hatten geplant, sich vorher im Einkaufszentrum schminken zu lassen. Am liebsten wollte Julia sich in ihrem Zimmer verkriechen, aber Steffi würde schrecklich enttäuscht sein. „Ich komm in fünf Minuten runter“, nuschelte Julia schnell in den Hörer und legte auf. Julia streifte einen grauen Pullover über, welchen sie auf dem Sofa fand, und wollte gerade nach ihrer ausgewaschenen Jeans greifen, als ihr die Situation im Chinarestaurant wieder in den Sinn kam. Von ihrem Nachtschrank schien ihr Lieblingsbuch drohend zu mahnen: „böser Pullover, böse Schlabberjeans“, und obwohl ihr nicht nach Aufmerksamkeit zumute war, entschied sie sich für ein beigefarbenes, figurbetontes Kleid und knöchelhohe Stiefel. „Du siehst heiß aus!“, begrüßte Steffi sie, und Julia musste schmunzeln. Ihre Freundin hatte sich für eine Beziehungspause mit Daniel entschieden und schien seitdem richtig aufzublühen.

Die glitzernde Welt der Make-up- und Parfumabteilung umhüllte die beiden mit einem Hauch von Sorglosigkeit und dem Gefühl von Luxus. Julia saß bereits für ein paar Minuten auf dem Drehstuhl und eine äußerst attraktive junge Frau in schwarzer Kleidung sprach in einem leisen Singsang von Cremes, Primern, Foundation und Concealern. Steffi war aufgeregter als ein kleines Kind in der Spielwarenabteilung. Ihre eine Gesichtshälfte zierte ein Abend-Make-up, ihre andere ein frischer Sommerlook. „Ich kann mich einfach nicht entscheiden. Alles ist sooo guuut!", jaulte sie in Julias Richtung. Die rollte nur amüsiert mit den Augen. Allerdings war das scheinbar schon zu viel. „Nach unten gucken bitte, nicht bewegen!", befahl die Make-up-Artistin jetzt, und Julia gehorchte. Als sie die Augen wieder öffnete, erblickte sie ihr eigenes Spiegelbild in einem runden Handspiegel, den die schwarz gekleidete, junge Frau ihr vorhielt. „Oh mein Gott, du siehst sooooo wunderschön aus, Julia!" Steffis Gesicht erschien neben ihr im Spiegel, mit offenem Mund. Julia boxte sie liebevoll und lachte laut. Sie war wirklich ein wenig stolz und fühlte sich wie eine halbe Celebrity, als sie von ihrem Drehstuhl aufstand.

Steffi wollte unbedingt noch schnell in die dritte Etage für halterlose Strümpfe, obwohl sie eigentlich schon fast ein wenig zu spät waren. Julia seufzte auf, als ihre Freundin sie eilig hinter sich herzog. An Steffis Unpünktlichkeit würde sie sich wohl nie gewöhnen. Auf der Rolltreppe kramte Julia unbeholfen in der schwarzen Handtasche nach ihrem Smartphone. Mit einem Ellenbogen hielt sie sich am Rand des Rollbands fest, um mit ihren High Heels nicht auszurutschen, mit der anderen Hand wühlte sie zwischen Lippenstiften, Puderquaste, Portemonnaie und Handcreme umher. Nur noch einmal schnell checken, vielleicht hatte Christian sich ja inzwischen gemeldet. Gerade hatte Julia ihr Handy mit spitzen Fingern aus der Tasche gezogen, da stieß sie von hinten feste ein kleines, zappelndes Mädchen an. Julia traf der Stoß unerwartet, sie schrie hell auf und versuchte das Unabänderliche zu verhindern, aber es war bereits zu spät: Ihr Handy flog in hohem Bogen die Rolltreppe abwärts. Sie schlug sich die Hände vor Augen und machte ein heulendes Geräusch. Julia wollte gar nicht mit ansehen, wie ihr teuerster Besitz auf den metallischen Stufen zerschellte und dann in irgendeiner Ritze auf ewig verschwand.

„Ist das deins?“, erinnerte eine Stimme sie daran, immer noch auf einer Rolltreppe zu sein. Sie öffnete die Augen und stolperte gleichzeitig von der obersten Stufe in Richtung Auslage. Steffi hatte von dem Vorfall nichts mitbekommen, sie war bereits in der Strumpfabteilung verschwunden. Julia sah sich suchend um. Die Stimme gehörte zu einem blond gelockten Mann mit runder Brille, der jetzt fast ein wenig zu nah vor Julia stand. „Dein Handy?“, fragte er jetzt noch einmal, und Julia fand ihre Sprache wieder. „Du hast es gefangen? Oh mein Gott, danke ... ich hab schon fast einen Herzinfarkt bekommen!“ Er wischte mit dem Finger über das Display und sah entschuldigend drein: „Na ja, nicht schnell genug. Es ist erst auf dem Boden aufgekommen, dein Display ist hin, aber so was kann man reparieren!“ Als er ihr das Handy in die Hand drückte, streiften seine Finger kurz ihre. Irgendetwas daran irritierte Julia. Sie senkte den Blick und starrte auf ihr Telefon, dessen Display von vielen feinen Rissen durchzogen war. „Ich kann es dir reparieren, wenn du magst. Ich kenne da einen guten Store.“ Er stand immer noch vor ihr. Warum bot er ihr das an? „Ach was, das ist ja meine eigene Schuld. Danke noch mal, dass du es gefangen hast.“ Immer noch rührte er sich keinen Millimeter von der Stelle. Die Gläser seiner ungewöhnlichen Brille vergrößerten seine Augen ein wenig. Er trug einen dunkelblauen Pullover und seine Haare waren weißblond und zerzaust. Fast wie ein Surfer, dachte Julia und wunderte sich gleichzeitig, wieso sie über diesen fremden Mann nachdachte.

„Du solltest vielleicht eine Hülle kaufen, so eine unkaputtbare, weißt du? Damit kann man dann sogar in der Badewanne das Handy benutzen.“ Er lächelte sie etwas unbeholfen, aber gleichzeitig offen an. Julia wusste nicht, was sie sagen sollte. „Das stimmt, das wäre gut. Aber jetzt muss ich ins Theater. Weil, wir gehen ins Varieté.“ Etwas Intelligenteres fiel ihr irgendwie nicht ein. Warum erzählte sie ihm überhaupt davon? Er hatte sie ja nicht mal gefragt, was sie heute Abend machte. Ihr Gehirn schien in den Stand-by-Modus geschaltet zu haben. Es funktionierte aber gerade noch gut genug, um wahrzunehmen, dass er gut roch. Und einen Kopf größer war als sie. Und ein Grübchen auf der rechten Wange hatte.

„Okay, die haben die verdammten Strümpfe nicht. Können wir?“ Steffi platzte in die Stille zwischen den beiden, schien aber nichts zu bemerken. „Wir sind schon zu spät, das GOP hat seit fünf Minuten Einlass“, quengelte sie und runzelte jetzt irritiert ihre Stirn mit Blick auf den blonden Handy-Retter. „Ja, also dann ... danke!“ war alles, was Julia noch einfiel, bevor sie mit Steffi die andere Rolltreppe wieder hinabstieg. Sie drehte sich wie mechanisch noch einmal zu ihm um. Er stand da und strahlte. Auf seltsame Weise berührt, ließ sie sich vom Lächeln anstecken und steckte sich eine Haarsträhne hinters Ohr, dann versank sie in Steffis Gebrabbel über den Nutzen halterloser Strümpfe.

Wenn er sich nicht meldet ...

Arme Julia, ich weiß genau, wie sie sich fühlt. Wie oft ich in meinem Leben schon wippend auf meinem Stuhl gesessen habe, ein Auge auf dem Laptop, ein Auge auf dem Handy, unsicher wartend, ob ER anruft, ob ER mir eine SMS schreibt oder ob ER auf meine WhatsApp antwortet. Doppelt so schlimm ist es, wenn du auch noch sehen kannst, dass der Mann deiner Träume die WhatsApp-Nachricht schon geöffnet hat, aber trotzdem nicht antwortet. ANTWORTE MIR!!!

Die Emotionskurve fängt an bei: Warum schreibt er mir nicht? Hab ich was falsch gemacht? Hab ich was Dummes geschrieben? Hab ich mich unklar ausgedrückt? Und geht dann weiter zu: Steht der überhaupt nicht auf mich? Und wenn ihr so ähnlich drauf seid wie ich, dann endet es in Wutattacken oder Verzweiflungstaten.

Nervös gehst du jetzt im Kopf wahrscheinlich verschiedene Handlungsoptionen durch:

› Ihm eine belanglose Frage stellen: „Bei dir auch so schönes Wetter?"

› Sexuelle Andeutungen machen: „Tolles Wetter hier. Sitze im Bikini auf dem Balkon. #Tanga #Brüste"

› Ihn konfrontieren: „Warum antwortest du mir nicht? Ich weiß genau, dass du online bist!"

› Aggressiv sein: „Hab ehrlich gesagt gedacht, du meldest dich. Na toll, hätte ich mir ja denken können."

› Eine pseudointeressierte Frage stellen: „Was, hattest du noch mal gesagt, ist der Unterschied zwischen Kelvin und Fahrenheit?"

Keine dieser Optionen würde ich dir empfehlen. Warum? Wenn ich nicht völlig falsch liege, dann willst du weder wissen, wie das Wetter bei ihm ist, noch interessierst du dich für die genaue Definition von Temperatureinheiten, oder? Möchtest du, dass er dich auf deine Brüste reduziert (obwohl du sicher megatolle Brüste hast!! High-five!), oder möchtest du, dass er dich als aggressive Zicke abstempelt?

Ich denke, nicht. Und da sind wir auch schon beim wichtigsten Punkt bei dieser Geschichte:

WAS MÖCHTEST DU DENN EIGENTLICH?

Weil das eine riesige Frage ist, an der sich schon so manche Menschen den Kopf zerbrochen haben, und ich dich nicht in die nächste Lebenskrise stürzen möchte, breche ich dir die Frage mal in ein paar kleinere Optionen runter. Möchtest du vielleicht:

› Klarheit, ob er dich jetzt mag oder nicht?

› Aufmerksamkeit, weil du dir das von einem Mann wünschst und das Gefühl hast, er müsste dir gerade mehr davon geben?

› die Aussicht auf eine Zukunft mit diesem Mann, und das vielleicht erst mal in Form einer Einladung auf ein zweites Date?

› mehr Zeit mit ihm, um erst mal herauszufinden, ob DU ihn überhaupt wirklich magst?

› eine Entschuldigung für etwas, das dich verletzt hat bei eurem letzten Treffen?

› Komplimente und das Gefühl, dass er dir verfallen ist und die ganze Zeit an dich denkt?

Sobald du ein besseres Gefühl dafür bekommst, was du dir eigentlich gerade so sehnlich wünschst und warum du überhaupt möchtest, dass er sich bei dir meldet, kannst du dir überlegen, wie du GENAU DAS JETZT bekommen kannst von ihm.

Auch wenn ich das prickelnde Gefühl der Verliebtheit genieße, bin ich ein Freund von Ehrlichkeit. Ehrlichkeit sich selbst gegenüber. Denn erst wenn du weißt, wonach du dich eigentlich gerade sehnst, kannst du lernen es zu kommunizieren und er kann dir genau das geben.

Die größten Fehler, die Frauen bei der Partnersuche machen

1. Den Mann nach einem zweiten Date fragen, wenn er sich nicht meldet

Wenn er Interesse hat, wird er sich melden. Ich sag es einfach noch mal: Wenn er Interesse hat, wird er sich melden. Jetzt sprich mir nach: Wenn er Interesse hat, wird er sich melden.

Das Date lief in deinen Augen grandios? Du hast dich verguckt? Die Chemie war unglaublich? Du willst mehr von diesem Mann, aber er hat noch nicht nach einem Wiedersehen gefragt? Und das, obwohl du ihm symbolisiert hast, dass du ihn magst, und ihm Vorlagen für ein erneutes Treffen geboten hast? Frag ihn nicht nach einem zweiten Date!

Es gibt nur zwei Möglichkeiten nach einem Date:

› **A)** Er ist begeistert von dir und will dich wiedersehen. Dann wird er sich melden. Vielleicht dauert es zwei Tage, weil er überarbeitet ist oder nicht viel Erfahrung mit SMS-Kommunikation hat oder einfach nicht versteht, dass du wirklich darauf wartest, dass er sich meldet. Wenn dies der Fall ist, dann frag ihn nicht nach einem Date. Gib ihm die Zeit, sich darüber klarzuwerden, wie wundervoll du bist. Gib ihm die Möglichkeit, Stärke zu symbolisieren, indem er dich auf ein weiteres Date einlädt.

› **B)** Er hat noch nicht verstanden, dass du ihn magst, und hat Angst, sich bei dir zu melden. Sobald er versteht, dass du ihn auch magst, will er dich wiedersehen. Du hast ihm scheinbar im Date symbolisiert, dass du eigentlich nicht an weiterem Kontakt mit ihm interessiert bist. Du warst still, zickig oder gelangweilt? Wenn dies der Fall ist, kannst du ihm symbolisieren, dass du ihn generell interessant findest. Wie du das machst, erkläre ich dir gleich. Aber frage ihn auch in diesem Fall nicht nach einem zweiten Date. Sobald du ihm demonstriert und klargemacht hast, dass du Interesse an ihm hast, wird er nach einem zweiten Date mit dir fragen.

Wenn er sich also gar nicht bei dir meldet, dann ist er auch einfach nicht an einem zweiten Date mit dir interessiert. Das klingt jetzt vielleicht hart, aber sieh es mal aus einer anderen Perspektive.

Ein Mann lernt dich kennen, dich wundervolle, einzigartige Frau. Er verlebt ein tolles erstes Date mit dir, zu dem du bereits zugesagt hast, was dein Commitment demonstriert. Du zeigst dein Interesse an ihm auch im Nachhinein noch – und er fragt trotzdem nicht nach einem weiteren Date? Dann hat er einfach nicht erkannt, wie wundervoll du bist, oder er sucht nach etwas anderem, und dann wartet auf dich dort draußen ein noch viel tollerer Mann.

Meine Freundin Lea lernte ihren Mr. Right in einem Club kennen. Gegen Ende der Party wollte sie sich eigentlich nur noch schnell etwas zu trinken holen, aber an der Theke schien die Schlange kein Ende zu nehmen. Auch er wartete auf ein Getränk und bot ihr freundlich seinen Hocker an. Die beiden kamen ins Gespräch. Sie verstanden sich auf Anhieb fantastisch und konnten schon in der ersten halben Stunde erstaunlich viele Gemeinsamkeiten feststellen. Schon auf dem Nachhauseweg erhielt Lea die erste SMS von ihm, in der er deutlich machte, wie schön er es fand, dass sie sich kennengelernt hatten.

Eigentlich war in Leas Leben gerade gar kein Platz für einen Mann. Sie stand am Anfang ihrer Selbstständigkeit, besuchte jedes Wochenende Seminare und steckte bis über beide Ohren in Arbeit. Einen Monat lang hatte sie keine Zeit für ihn, vergaß aber ihre erste Begegnung nie. Während der gesamten Zeit schrieben sie zwar SMS, aber jedes Mal musste sie ihn vertrösten. Er blieb hartnäckig und fragte immer wieder nach einem Date mit ihr. Langsam bekam er schon Angst, dass Lea ihre Termine vielleicht nur vorschob und gar kein Interesse an ihm hatte.

Er fragte sie ehrlich, ob sie an einem Date mit ihm interessiert sei, und wollte die Hoffnung schon aufgeben. Lea erkannte, dass sie ihren Job über die Liebe gestellt hatte, und fragte ihn nach einer letzten Chance. Sie wollte ihn wirklich wiedersehen.

Die beiden trafen sich auf ein romantisches Date und wussten sofort, dass sie füreinander bestimmt waren. Ab diesem Moment waren sie unzertrennlich. Seit drei Jahren sind sie nun in einer glücklichen Beziehung.

Leas Mr. Right hat um ihr Herz gekämpft und trotz der widrigen Umstände alles daran gesetzt, sie kennenzulernen. Die beiden sind nicht das einzige Beispiel, das beweist, dass, wenn jemand sich wirklich für dich interessiert, er sich bei dir melden wird.

Eine amerikanische Studie hat ergeben, dass 54 Prozent der Männer an Liebe auf den ersten Blick glauben. Wenn wirklich Attraction zwischen euch da war, dann wird der Mann sich garantiert bei dir melden, um zumindest herauszufinden, ob ihr füreinander geschaffen seid.

2. So tun, als ob man etwas anderes will, aber eigentlich nach einem zweiten Date fragen

Ich bin keine Verfechterin der „Mach dich rar"-Theorie einzig des Rarmachens wegen. Billige Tricks und Spielchen werden dich nicht zu einer liebevollen, erfüllten und gleichwertigen Partnerschaft bringen, die genauso viel Vertrauen wie guten Sex beinhaltet. Deswegen werde ich dir nicht verbieten, dich bei einem Mann zu melden, der sich nicht nach einem Date bei dir meldet. Aber ich rate dir stattdessen, deine Handlungen in Bezug auf ihn mit einer einfachen, aber unendlich wichtigen Frage zu überprüfen.

WILL ICH ETWAS VON IHM ODER MÖCHTE ICH IHM ETWAS GEBEN?

Was kann ich dem anderen geben? Nicht: Was will ich vom anderen haben? Wenn du ihn anrufst, um ihn mit kleinen Tricks dazu zu bringen, dich wiederzusehen, dann zerrst du an ihm, du forderst etwas von ihm ein, das er dir momentan eigentlich nicht zu geben bereit ist.

Alle Männer, die ich interviewt habe, haben eindeutig angegeben, dass sie zurückrufen, wenn sie Interesse an einer Frau haben. Dass sie sich bei ihr melden und sie auch um ein weiteres Date bitten. Wenn ein Mann dich nicht von sich aus um ein Date bittet, dann kannst du ihn vielleicht dazu „überreden", aber das wird dir im Nachhinein nur schaden.

Es ist also okay, ihm eine Nachricht zu schreiben, aber nur dann, wenn du ehrliches Interesse hast.

Stellst du eine Frage, weil du tatsächlich etwas von ihm erfahren möchtest? Oder willst du, dass er auf dich aufmerksam wird und dich dann auf ein Date einlädt? Möchtest du ihm etwas mitteilen, einfach um ihm eine Freude zu machen?

Oder verlangst du eigentlich heimlich etwas dafür zurück? Erwartest du eigentlich, dass er antwortet? Wärest du enttäuscht, wenn er nur mit DANKE reagieren würde? Stelle dir diese Fragen und entscheide anhand dessen, ob du ihm wirklich schreiben willst.

3. Aufhören, ihr eigenes Leben zu leben, weil ein neuer Mann da ist

Einen neuen Menschen kennenzulernen ist unglaublich aufregend. Du bist aufgewühlt, du denkst über seine Worte nach, seine Gesten, seine Stimme hallt dir noch im Ohr, du malst dir aus, wie ihr einen gemeinsamen Urlaub in der Karibik macht, du überlegst, was deine Freundinnen zu ihm sagen würden, du machst dir Sorgen wegen seiner Äußerung über Katzen, du überdenkst deine Handlungen, du stellst deine Worte infrage, du bist dir plötzlich nicht mehr sicher, ob du ihm hättest von deiner ersten Klassenfahrt erzählen sollen ... Unser Gehirn möchte sich am liebsten unentwegt mit unserer neuen Bekanntschaft beschäftigen.

Vielleicht kommt es dir gerade so vor, als hinge dein Leben davon ab, ob dieser Mann dich auf ein zweites Date einlädt und was er in seiner nächsten SMS schreiben wird.

Deswegen habe ich einen ziemlich effizienten Rat für dich: Zweifele!

Ja, genau, du musst nicht versuchen krampfhaft NICHT an ihn zu denken, das wird dir nur noch mehr Kopfschmerzen verursachen und triggert deine Nervosität. Aber ein wenig Zweifel kann nicht schaden, oder?

- Kann es sein, dass die Reaktion dieses Mannes gerade völlig unwichtig für dein Überleben ist? Hängt dein Leben davon ab?

- Kann es sein, dass da draußen noch Hunderte interessantere Männer sind?

- Würde es sich nicht zumindest lohnen, weiterhin die Augen offen zu halten? Was wäre, wenn Channing Tatum dir anbieten würde, in deinem Wohnzimmer zu strippen? Was wäre, wenn Michael Fassbender dich zum romantischen Dinner einladen würde? Was wäre, wenn George Clooney eine Suite für euch beide reserviert hätte? Vielleicht hängt nicht ALLES an diesem einen Mann?

- Kann es sein, dass du gerade deine berufliche Zukunft aus den Augen verlierst?

- Wäre es möglich, dass du gerade deine Freundinnen, deine Hobbys oder sogar deine LEIDENSCHAFT vernachlässigst, weil du so mit diesem Mann und eurer potenziellen Partnerschaft beschäftigt bist?

Natürlich wollen wir die Dating-Phase genießen. Wir lieben doch auch das kribbelige Gefühl, wenn wir eine neue Nachricht von ihm auf unserem Handy sehen. Aber es geht darum, die Verhältnismäßigkeit nicht aus den Augen zu verlieren. Nicht in emotionale Abhängigkeit zu geraten. Nicht völlig lebensunfähig zu sein, weil deine Emotionen – ob gut oder schlecht – dich mitreißen.

Und noch einen weiteren Aspekt solltest du nicht vernachlässigen: Stell dir mal vor, du wärest hundertprozentig ehrlich. Dein Traumprinz lädt dich nach einer Woche auf ein zweites Date ein. Er fragt dich: „Und, wie hast du die letzte Woche verbracht?“, und du antwortest:

„Panisch auf mein Handy gestarrt, davon geträumt, dass wir zusammenziehen, vor Nervosität nichts gegessen und all meinen Freundinnen mit Geschichten von dir in den Ohren gelegen ...“

SEHR ATTRAKTIV??????? Es würde ihn sicherlich schmeicheln, diesen Overflow an Aufmerksamkeit durch dich zu erhalten, aber die Unverhältnismäßigkeit der Intensität könnte ihn auch völlig aus dem Gleichgewicht bringen. Auch wenn du dich in romantische Gedanken oder in Gedankenspielereien und Analysen seiner Aussagen flüchten willst – zwinge dich dazu, dein Leben nicht über Bord zu werfen.

Ihr hattet ein tolles Date? Du glaubst, es könnte mehr daraus werden? Wie unglaublich schön! Nutze diesen Schwung, mach dir die positive Energie zunutze, sonne dich in der Bestätigung deiner Großartigkeit und projiziere diese Gefühle auf dein jetziges Leben.

Sing innerlich ein kleines Liebeslied, wenn du dich im Büro engagierst. Trag ein Lächeln auf den Lippen, wenn du fürs Studium lernst. Sei dir deiner Attraktivität bewusst, wenn du deine Kontakte pflegst. Nutze diesen Booster für dein Selbstwertgefühl, um deine Freundinnen zu stärken. Lebe dich in deiner Form der Kreativität aus. Sei du.

So eine eigenständige Powerfrau wie du, die sich ihres eigenen Wertes bewusst ist und ihre Leidenschaft lebt, wirkt auf jeden Mann noch viel begehrenswerter.

4. Einladungen auf Booty-Calls in einer frühen Phase der Beziehung akzeptieren

Schon mal von einem Booty-Call gehört? Wikipedia schreibt dazu Folgendes: „Beim ‚Booty-Call' kommt es zwischen den Partnern mit dem Zweck der Anbahnung von Geschlechtsverkehr zur wiederholten Kontaktaufnahme über verschiedene Kommunikationsmedien."

Wenn ein Mann dich nach 23 Uhr per Telefon oder Facebook zu sich nach Hause einlädt oder nach einem Treffen fragt, dann solltest du diese Einladung nicht annehmen. Ja, ich verfechte die strikte „No-Booty-Call-Politik". Wenn du wirklich auf der Suche nach einer erfüllenden und möglicherweise langfristigen Partnerschaft bist, wenn du Mr. Right suchst, der dich als seine einzige Prinzessin wählt, dich auf Händen trägt und mit Liebe und Aufmerksamkeit überhäuft, dann rate ich dir ganz stark, nicht nach eurem ersten Date eine Einladung auf ein sexuelles Abenteuer anzunehmen.

Was sagt es über den Mann aus, wenn dein Handy gegen ein Uhr nachts piept und er dich fragt, ob du Lust hast, dir seine Wohnung anzuschauen oder mit ihm ein Glas Wein dort zu trinken?

Keine Panik, es bedeutet nicht unbedingt, dass der Mann, den du datest, ein Mistkerl sein muss, der nur auf schnellen Sex aus ist. Vielleicht hat er in vorherigen Beziehungen gelernt, dass Sexualität eine Beziehung besiegelt, dass dadurch Commitment erzeugt wird. Vielleicht haben seine Eltern ihm vorgelebt, dass Sexualität zu Beginn einer Beziehung seine Männlichkeit demonstriert. Vielleicht herrscht in seiner Peergroup der Glaube, dass ein wahrer Mann Frauen durch Sex erobere. Vielleicht hat er einfach nicht weiter darüber nachgedacht und dich mitten in der Nacht zu sich nach Hause bestellt, weil er sich nach deiner Nähe sehnt.

Umso mehr solltest du ihm helfen zu verstehen, dass ihr euch in dieser Phase eurer Beziehung erst auf emotionaler Ebene kennenlernt und der Grad der Intimität Stück für Stück steigen wird. Wenn die oben genannten Annahmen auf ihn zutreffen, dann kannst du die Frau sein, die ihn lehren wird, wie eine prickelnde, liebevolle Partnerschaft nach und nach, Schritt für Schritt zustande kommt. Gemeinsam könnt ihr eure Formen der Intimität step-by-step entdecken. Wenn er sich nicht auf diesen Entwicklungsschritt einlassen will und darauf besteht, sofort Sex mit dir zu haben, dann hat er sich gerade selber als Mr. Right disqualifiziert.

♥

Der Wind wehte beißend durch die Eingangstüren des Theaters ins Foyer und blähte die roten, schweren Vorhänge der Garderobe auf. Julia streifte schnell ihre Daunenjacke über und rückte den schwarzen Schal zurecht. Die Begeisterung hatte ihre Wangen rot gefärbt und ihre Augen glänzten aufgeregt. Sie liebte Akrobatik, Tanz und Varieté. Steffi liebte zumindest die gestählten Körper der Artisten, und den teuren Champagner, den sie als Gewinnerinnen der VIP-Tickets gereicht bekommen hatten.

Als sie die Stufen auf dem Vorplatz des Theaters herabstiegen, hielt Julia bereits Ausschau nach einem Taxi. Mit diesen Schuhen und um diese Uhrzeit wollte sie nicht mehr nach Hause laufen. Ihre Zehen schmerzten, und sie gähnte mit vorgehaltener Hand. Plötzlich blieb ihr Blick an etwas hängen, das von Weitem bekannt aussah. Julia stutzte und presste die Augen zusammen. Das war doch unmöglich, oder? Ihr Gehirn musste ihr einen Streich spielen. „Wo läufst du denn hin?", fragte Steffi, als Julia sich langsam in Richtung einer Holzbank bewegte, die auf den Theaterplatz zeigte. In diesem Moment erhob sich der Junge auf der Bank und lief langsam, aber zielstrebig in ihre Richtung. Julia blieb abrupt stehen und fuhr sich nervös durchs Haar. Sie traute ihren Augen kaum, als der blonde Haarschopf immer näher kam. Die runden Brillengläser reflektierten das Licht eines vorbeifahrenden Autos.

„Ich dachte, du könntest das gebrauchen!", sagte der junge Mann aus dem Einkaufszentrum und hielt ihr eine robuste Handyhülle hin. Julia verschlug es den Atem. Sie schnaubte und kräuselte fassungslos die Stirn. „Hast du auf MICH gewartet?", fragte sie ungläubig, aber mit einem Lächeln in der Stimme. Das war doch verrückt. Er sprach ihre Gedanken aus. „Ich weiß, das klingt ziemlich verrückt, aber ... keine Ahnung ... ich wollte einfach unbedingt nach deinem Namen fragen und ... oh Gott ... ich bin kein Stalker oder so, ich fand dich einfach nur umwerfend und ich dachte, verdammt noch mal, ich hab nicht nach ihrem Namen gefragt ... und dann hast du was von Varieté gesagt und ... na ja, ich hatte sowieso was in der Gegend zu tun und dachte ... ich komm mal hier vorbei und ... auf dem Weg hab ich diese Handyhülle gesehen und hab gedacht, das könntest du echt gut gebrauchen, weil, wenn du so tollpatschig bist, wie es vorhin aussah, dann passieren dir ständig irgendwelche gefährlichen Dinge mit deinem Handy, und das konnte ich einfach nicht zulassen, schließlich ist so ein Handy ziemlich teuer und ja ..."

Es sprudelte aus ihm heraus, und je länger er redete, desto breiter wurde das Lächeln auf Julias Gesicht. Seine Nervosität, gepaart mit dem Eigenhumor, waren so charmant, dass Julia nicht anders konnte, als ihn zu mögen. Er hatte tatsächlich vor dem Theater gewartet, nur ihretwegen. Wie unglaublich mutig, aber auch wie unglaublich verrückt, dachte Julia und lachte los. „Tja, wie war's im Theater?", schob er jetzt lachend hinterher. „Gute Show?" Julia nickte und fügte an: „Ja, aber nichts im Vergleich zu deinem Auftritt gerade!" Er biss sich auf die Zungenspitze, warf den Kopf in den Nacken und grinste sie an.

„WER BIST DU?", kam Steffi jetzt hinzu und musterte ihn halb angewidert, halb schmollend. Man sah ihr an, dass sie sauer war, nicht genau zu wissen, was hier abging. „Patrick. Ich heiße Patrick!", stellte er sich vor und hielt Julia förmlich seine Hand hin. Sie griff danach. Steffi war noch nicht überzeugt. „Patrick, der Stalker, na klasse!", sagte sie schnippisch und winkte nach einem Taxi, während Patrick nach Julias Handynummer fragte. Vorsichtig zog sie das in Mitleidenschaft gezogene Stück aus ihrer Handtasche. Julia zuckte zusammen.

Vom Display blinkte ihr eine Nachricht entgegen. Es war Christian. Er entschuldigte sich für die Funkstille und wollte sie treffen. Julia atmete geräuschvoll aus und schüttelte entgeistert den Kopf. Noch vor ein paar Wochen hatte sie geglaubt, niemals einen Mann kennenzulernen, der sich für sie allein interessieren könnte. Niemals hätte sie gehofft, so schnell jemanden kennenzulernen, der sie anderen Frauen vorzog und auf romantische Dates einlud. Und jetzt gab es auf einen Schlag gleich zwei attraktive Männer in ihrem Leben, und einer davon hatte gerade zwei Stunden vor einem Theater auf sie gewartet, obwohl er nicht mal ihren Namen kannte.

Während Patrick seine Nummer in ihr Handy eintippte, breitete sich ein wohliges Gefühl von Zufriedenheit in ihr aus. Als Patrick aufsah und ihre Blicke sich trafen, schoss prickelige Aufregung durch ihre Venen wie Adrenalin. Julia wusste nicht, was in den nächsten Tagen auf sie zukommen würde, aber sie konnte es kaum abwarten, in ihre neue Zukunft zu starten.

Bist du bereit, dich zu verlieben?

Hallo meine Liebe,

wie schön, dass du dir die Zeit genommen hast, dieses Buch bis zum Schluss durchzulesen. Das ist der erste Schritt in Richtung einer glücklichen und langfristigen Partnerschaft mit deinem Traummann.

Ich werde häufig gefragt, warum ich mich entschlossen habe, Dating- und Beziehungscoach zu werden. Fünf Jahre lang habe ich im Rahmen meiner Doktorarbeit die wissenschaftlichen Grundlagen von Partnerschaft, Liebe und Attraktivität untersucht. Dabei habe ich festgestellt, dass eine gut funktionierende, liebevolle und abwechslungsreiche Beziehung einer der wichtigsten Schlüsselfaktoren für ein erfülltes Leben voller Glück ist.

Aber gleichzeitig begegnete ich immer mehr unglücklichen, verunsicherten Frauen, die sich mit denselben Fragen plagten, die einst meine Probleme gewesen waren.

Nach der Lektüre von zig Büchern und dem Studium von hunderten von wissenschaftlichen Veröffentlichungen waren für mich die Antworten auf diese Fragen plötzlich absolut klar.

Aber in meinem Umfeld warteten Frauen verzweifelt darauf, dass Männer auf ihre SMS antworteten, dass Männer sie auf Dates einluden, dass Männer sie so behandelten, wie sie es sich wünschten, oder dass überhaupt Männer auf sie aufmerksam wurden.

Schon immer hatte ich gehofft, Menschen helfen zu können, das Leben zu leben, von dem sie träumten. Plötzlich bot sich die perfekte Gelegenheit.

Wie könnte ich also mein Wissen mit so vielen Menschen wie möglich teilen? Wie könnte ich so vielen Frauen wie möglich dabei helfen, ihre Ängste zu überwinden und sich nicht mehr unsicher zu fühlen? Wie könnte ich sie dabei unterstützen, ein Leben in Einsamkeit oder die ewige Suche nach dem Richtigen zu beenden?

Die Antwort war: Ich schuf auf meiner Website eine umfassende Online-Bibliothek für sämtliche Fragen zum Thema Partnerschaft.

Dieses Buch ist der Beginn auf deiner Reise zum Glück. Die Bibliothek enthält Videos, Blogs, Audios und Ebooks. Sie wird ständig mit neuen Inhalten gefüllt. Gib diesen Link in deinen Browser ein, um die zahlreichen, kostenlosen Inhalte zu nutzen:

www.leonie-thoene.com

Wenn du gerne wissen möchtest, wie es mit Julia, Christian und Patrick weitergeht, dann gib einfach diesen Link in deinen Internetbrowser ein:

www.leonie-thoene.com/julias-geschichte

Notizen

Raum für deine Gedanken

10626444R00068

Printed in Germany
by Amazon Distribution
GmbH, Leipzig